SABANA GRANDE DE BOYA y el INSTITUTO COMERCIAL "PONCIANO"

Primera Edición Ampliada y Corregida

PEDRO PONCEANO

authorHOUSE®

AuthorHouse™
1663 Liberty Drive
Bloomington, IN 47403
www.authorhouse.com
Phone: 1 (800) 839-8640

Published by AuthorHouse 02/04/2016

ISBN: 978-1-5049-6319-0 (sc)
ISBN: 978-1-5049-6318-3 (e)

Library of Congress Control Number: 2015921369

Print information available on the last page.

Contents

NOTAS DE CORRECCION viii
Derechos de Autor y Responsabilidad Legal x
Reconocimiento xii

PARTE I

SABANA GRANDE DE BOYA

Introducción 1
Comienzos de Sabana 2
Primeros Pobladores 4
Localización Geográfica 6
Recursos Naturales 7
La Agricultura 8
Los Aserraderos 8
Una de las Primeras Casas 9
Las Calles de Sabana 10
Cueva del Negro Liberado 10
El Cementerio 11
La Casa de Trujillo 11
Siembra y Cultivo de Caña 12
Batey Cojobal 14
Fincas de Caña 15
Comienzos de la Educación en Sabana Grande de Boyá 16
El "Abaco" 18
El Desayuno Escolar 19
Construcción del Primer Local Escolar – El Barracón 20
Siembra de Caña en La Chamucá 22
El Triple 23

Fábrica de Yugos para los Bueyes....24
Los Primeros Negocios....25
Entretenimiento y Diversión....26
La Casa Escondida....28
La Gallera....29
El Cafetal de Samué e Isidora....29
El Crimen más Conmovedor en la Historia del Pueblo....30
El Primer Guardia en Sabana ("DIAZ el Guardia")....32
Primer Ladrón del Pueblo....33
Primeros choferes....34
Primera Bomba de Gasolina....35
El Primer Gomero....35
El Primer Barbero....35
El Primer Fotógrafo....36
El Dispensario o Centro Sanitario....37
Primer Centro Médico....38
La Santa Misión....38
Feria de la Paz y Confraternidad del Mundo Libre....39
El Teatro María....40
Cuartel de la Guardia....42
El Primer Zapatero....42
La Fonda de Amada....42
Primera Farmacia....43
Lagunas del Pueblo....43
Mis Vacaciones en Mata Seco....44
Educación y Trabajo....44
Siembra de Caña....45
Programa de Educación para Adultos....49
El Hijo de la Friturera....49
Fiestas Patronales....50

Los Atabales y Marimba....51
Creación Oficial del 6to. Grado....53
Un Caso Insólito....54
Traslado a Rincón Claro....55
Papeleticas como Moneda de Cambio....56
Mi Trabajo en Obras Públicas....58
Siembra de Yerba en los Potreros....58
Un trabajador de Ingeniería....60
Personajes Pintorescos....61
La Logia....63
Los Juegos de Pelota....64
Surge La Educación Intermedia....65
División Social entre Jóvenes....66
La Banda Municipal de Música....67
Conciertos en el Parque....68
Alboradas en el Pueblo....70
Concierto en Villa Mella....72
Bares, Barras y Hoteles en el Pueblo....73
La Compraventa de Puñungo....75
Los Ebanistas del Pueblo....75
Las Incontrolables....76
Religión e Iglesias....77
Los Propagandistas de Ron....78
Por Fin, Aprobé el Sexto Curso....79
Periódico "El Vocero"....80
El Primer "Reportero"....81
Emisora Radio Boyá y Negro Santos....82
Cooperativa La Candelaria....84
Mis Estudios Intermedios....85
La Educación Secundaria....87

Programa "Orientación Cultural" en Radio Boyá........................88
Fin de la División de Clase Social........................89
Sustitución del Director del Liceo Secundario........................90
Castigo de Suspensión por Dos Semanas........................92
Vicente Vegazo Culpa a Víctor Rosario........................93
Me Gradué de Bachiller........................94

PARTE II.

PALABRAS, FRASES, JUEGOS, ENFERMEDADES Y REMEDIOS COMUNES QUE SE USABAN EN LA EPOCA

a) Vocabulario o Palabras........................96
b) Algunas Frases Comunes que Usaban mis Padres........................118
c) Algunos Juegos que eran Nuestros Entretenimientos........................124
d) Algunas Enfermedades, Medicamentos y Remedios Caseros Que se Usaban........................126
e) Palabras en "Inglés" que Usaron mis Padres........................132

PARTE III

EL INSTITUTO COMERCIAL "PONCIANO"

Preámbulo........................133
Introducción........................134
Mi Primer Empleo en una Oficina........................135
Acueducto INAPA y el Instituto Comercial 'PONCIANO"........................138
Origen del Instituto Comercial "PONCIANO"........................139
Fundación del Instituto Comercial "PONCIANO"........................140
Primeros Estudiantes del Instituto........................144
Becados del Ayuntamiento Municipal........................146
Becados del sindicato STIRHA........................147
Participación de Estudiantes del Instituto en Concurso de Mecanografía........................148

Reconocimiento Oficial del Instituto 149
Los Primeros Profesores del Instituto 150
Profesor en el Liceo Secundario 153
Mi Traslado de Sabana Grande de Boyá a la Capital 155
Reemplazo del Director 156
Mi Primer Empleo en Santo Domingo 157
Primera Graduación del Instituto Comercial "PONCIANO" 160
Entusiasmo y Diversión Estudiantil 163
Tiempo de Exámenes en el Instituto 164
Mis Estudios Universitarios 167
Profesores del Instituto Proyectaron Huelga 167
Estudiantes del Instituto También Proyectaron Huelga 169
Preparación y Empleos a Estudiantes del Instituto 170
Sucursal del Instituto Comercial "PONCIANO" en Sabana 172
Sucursal del Instituto Comercial "PONCIANO" en Santo Domingo 173
Mis Viajes de Trabajo al Exterior 174
Mi Llegada a Nueva York. 175
Mi Primer Empleo en Nueva York. 178
Mi Propio Negocio en los Estados Unidos 180
Réplica del Instituto Comercial "PONCIANO" en Monte Plata 183
Venta del Instituto Comercial "PONCIANO" 185
PL General Services, Inc. 186
Mi Primer Libro. 188
Nota Final 188

NOTAS DE CORRECCION

El autor ha decidido presentar una edición ampliada y corregida de la obra **"Sabana Grande de Boyá y el Instituto Comercial Ponciano,** con los siguientes propósitos:

1. Para ser impresa de manera profesional y registrada en los Estados Unidos de Norte América, ya que la edición original tuvo una muy pobre y descuidada impresión y encuadernación, cuya labor estuvo a cargo de una imprenta en la República Dominicana, la cual me fue recomendada y quienes se autodenominan "profesionales en el arte".

2. Para agregar la parte III e incluir algunas datos adicionales que no pudieron ser incluidos en la versión original;

3. Para incluir algunas palabras y expresiones o frases que acostumbraban usar mis padres y abuelos;

4. Para añadir una lista de algunos remedios "caseros" o medicamentos, muchos de los cuales me fueron suministrados o aplicados cuando era niño;

5. Para presentar un listado de varios de los juegos más frecuentes que acostumbrábamos jugar los niños en la época;

6. Para que pueda estar disponible y esté accesible a todas aquellas personas quienes tienen su residencia establecida en los Estados Unidos de Norte América, en Europa, o en cualquier otro país del hemisferio;

7. Para facilitar su adquisición a todas aquellas personas quienes han mostrado interés en obtener la obra y no les ha sido posible;

8. Para que pueda ser ordenada y adquirida a través de cualquier medio, incluyendo el Internet.

Derechos de Autor y Responsabilidad Legal

La mayor parte de las informaciones, datos y material presentados en esta obra bajo el título "Sabana Grande de Boyá y el Instituto Comercial 'PONCIANO" están fundamentados en hechos y eventos históricos reales basados en los recuerdos y experiencias que se mantienen vivos en mi memoria por haber marcado, determinado e incidido de alguna manera, en la trayectoria de mi existencia, ya que ocurrieron en las diferentes etapas de mi vida y por tanto, son considerados propiedad y derecho del autor.

Algunas frases incluídas al final de varias de las narraciones las he tomado de diferentes fuentes que aun no recuerdo, por lo que no son de mi autoría y por ello aparecen entre "Comillas".

Mi intención al detallar la ocurrencia de los eventos expuestos es básicamente informativa, sin pretender escribir la historia del pueblo de Sabana Grande de Boyá, si no más bien de exponer el desenvolvimiento de lo que ha sido, en gran parte, el desarrollo de mi existencia, por lo que puede ser considerada como la historia parcial de mi vida.

Quiero aclarar que la presente obra puede ser utilizada libremente como material de consulta, bajo la estricta responsabilidad del usuario, bajo el entendimiento de que el autor no asume responsabilidad alguna por los datos o informaciones tomados de la misma y que, de manera intencional o no, pudieran dar lugar a ser mal interpretados o prestarse a confusión.

También quiero dejar bien claro que ningún evento específico y/o nombre de persona que haya sido mencionado en esta obra, incluyendo el autor, podrá ser utilizado como fuente de base para establecer acusaciones, demandas, difamación, injuria o cualquier otro acto malintencionado en perjuicio de ningún individuo, grupo, institución, firma o asociación que de alguna manera, hayan tenido cualquier tipo de relación, implícita o explícita, con los hechos y/o acontecimientos aquí narrados, o por algún error u omisión en el contenido del presente material.

El autor, sus colaboradores, representantes y/o distribuidores no asumen responsabilidad alguna ni estarán sujetos a ningún tipo de demanda legal, acusación o reclamación de cualquier índole, por daños, perjuicios o inconvenientes de naturaleza alguna que, de manera directa o indirecta, pudieran estar relacionados con el uso de estas informaciones, nombres de personas, lugares o eventos, presentados en este material.

Reconocimiento

Para cada una de las partes de esta obra contamos con un extraordinario aporte de datos y la valiosa colaboración de nuestro gran amigo y periodista Julián Quezada, quien aportó muchas de las informaciones y datos que conforman este material.

Para la fundación del Instituto Comercial "PONCIANO" pude contar con la valiosa colaboración de algunas personas quienes contribuyeron con importantes decisiones para ofrecerme su apoyo, al igual que otros quienes aportaron sus conocimientos y dedicaron su valioso tiempo a las actividades de este centro de estudios, sin lo cual no hubiera sido posible el desarrollo, afianzamiento y posterior éxito del mismo.

Por esto quiero expresar mi más sincero agradecimiento y reconocer los méritos de que son merecedores todos aquellos quienes, de alguna manera, hicieron posible que el Instituto Comercial 'PONCIANO" se convirtiera en la institución que sirvió de puente a muchos jóvenes para descubrir la ruta por donde encontrarían ese camino que los conduciría al éxito profesional.

Merecen mi reconocimiento por su valiosa colaboración los señores Ramón Feliciano, Pedro Rojas y Elinardo Azcona, así como los profesores del Instituto: Luís Aníbal Céspedes, Ramón Medina (Momón), Julio Jiménez Cadet (Julito), Zelandia María Polanco, Ana Silvia Ortiz, Víctor Medina, Gerardo Ponceano Reynoso y Rafael Ponceano Reynoso.

También es oportuno expresar mi reconocimiento muy especial el destacado periodista y amigo Julián Quezada por su valiosa y estrecha colaboración, quien ha aportado informaciones y datos indispensables para complementar el contenido y presentación del material que hoy tiene usted en sus manos.

De igual manera, merecen también reconocimiento mis hijos Luisa Rosanna Ponceano y Pedro Daneurys Ponceano, quienes colaboraron en la revisión del texto, así como mi esposa Carmen Elena Ponceano, por su comprensión, paciencia y entendimiento por las horas que he tomado de su precioso tiempo.

PARTE I

SABANA GRANDE DE BOYA

Introducción

La presente obra tiene por finalidad detallar la mayor parte de los eventos, hechos y acontecimientos ocurridos durante la trayectoria de vida de quien ha querido dar a entender, a través de sus narraciones, que siempre será posible alcanzar la meta que uno se propone, si aprende y se dispone a coordinar sus necesidades, pensamientos, decisiones y acciones.

En otras palabras, lo primero que debo hacer es determinar hacia dónde quiero llegar en la vida, lo que se traduce en la necesidad; lo segundo es buscar el camino por donde tengo que ir para encontrar lo que quiero, correspondiendo este análisis al pensamiento y lo tercero, qué tengo que hacer para conseguirlo, que es finalmente tomar la decisión para dar inicio a la acción. El momento apropiado para poner en práctica la acción llegará a su debido tiempo, lo que determinará cómo y cuándo, teniendo siempre presente que: "lo que hay que hacer, hay que hacerlo" sin "dejar para mañana lo que podemos hacer hoy".

Es importante aclarar que muchas de las fechas mencionadas en los inicios y eventos sobre el desarrollo y primeros pobladores de Sabana Grande de Boyá que se presentan en la obra son aproximadas, ya que no existen datos estadísticos disponibles para la verificación y confirmación de las mismas, aunque he tratado de incluir algunos documentos originales que obran en mi poder para corroborar algunas de ellas.

Estoy consciente de que podría existir la posibilidad que alguien pudiera contar con algún documento y/o dato que contenga información más precisa, la cual serviría para ayudar a corregir o confirmar las fechas exactas de cuando ocurrieron los eventos.

La obra está dividida en tres partes y los hechos ocurridos y las fechas que se narran en cada una de ellas no mantienen un estricto orden cronológico, ya que ha sido prácticamente imposible mantener la secuencia, puesto que se trata de una gama de temas muy variados y diferentes por lo que, en la mayoría de los casos, ha sido necesario volver hacia atrás para empezar a detallar los comienzos de la narración de cada evento en particular.

Hago esta aclaración con el ánimo de alertar a los lectores y evitar que puedan sentirse confundidos mientras hacen su recorrido para transportarse al pasado, a través de las líneas que conforman el contenido de este material, por lo que suplico paciencia y entendimiento, al tiempo que ofrezco mi gratitud a cada persona que se anime a leerlo. Tengo la esperanza de que sirva para refrescar la memoria de algunos, mientras pueda ayudar a otros a conocer una modesta parte del origen de ese apartado lugar que los vio nacer, del cual estoy seguro muchos también se sienten orgullosos.

"La diferencia entre donde estás hoy y donde estarás mañana la hacen: Las personas con quienes te juntes y las decisiones que tomes"

Comienzos de Sabana

Lo que es hoy el Municipio de Sabana Grande de Boyá originalmente era una sabana, un terreno baldío llano y de larga dimensión, mayormente repartido entre varios propietarios que llegaron de distintos lugares del país. Por su proximidad al histórico pueblito de Boyá, algunos empezaron a llamarle Sabana Grande de Boyá. Varios de sus primeros pobladores coinciden en afirmar con certeza que el pueblo empezó a fundarse varios años antes del 1935.

El acta de defunción confirma que en el año 1936 murió trágicamente en Sabana Grande de Boyá, Sección Cabeza de Toro el señor Pedro Ponciano, el padre de Felipe Ponceano, uno de los primeros pobladores de ese pueblo. Tras el deceso de su padre, Felipe junto a su esposa Luisa Alcántara y sus hijos decide permanecer en el Batey Cojobal hasta 1950, aproximadamente a unos 3 kms de distancia de la Sección Cabeza de Toro. En el año 1946 le nació a la pareja su séptimo hijo varón y efectivamente, en honor al padre de Felipe pusieron por nombre Pedro Ponceano, quien hoy escribe estos apuntes.

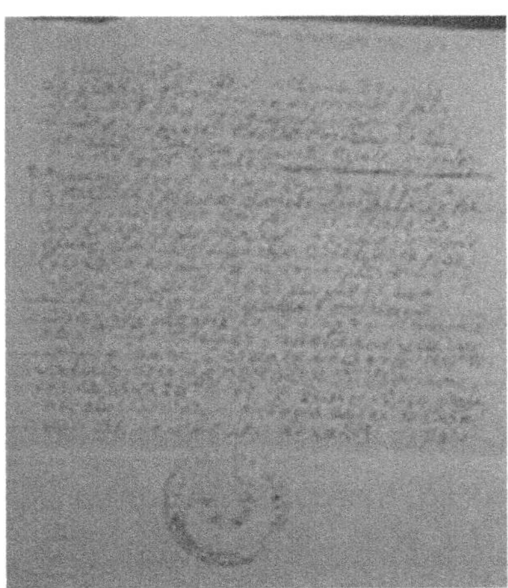

Acta de Defunción de Pedro Ponciano Rosa

Primeros Pobladores

Aunque no existen datos estadísticos sobre los primeros pobladores de Sabana Grande de Boyá, se cree fueron apenas unas pocas personas. Algunos nombres sonoros recuerdan legendarios personajes de aquella comarca que empezaron a construir un pequeño caserío con tablas de palma labradas, como: José de la Rosa, su hijo Pedro Ponciano Rosa (padre de Felipe Ponceano Olivo), Abelardo Olivo, Mergoso Paulino, Pedrito González, Alberto Alcántara Sánchez, Cleto Reyna, Demetrio Brito, Manuel Reyes Díaz y José Mora y su esposa Isabelita, entre otros.

Un pariente de mi padre me informó que José de la Rosa murió en noviembre de 1924 y que la mamá era de nacionalidad americana y afirma que, en el año 1916, los "gavilleros" le quemaron los piés. No indicó los motivos de esa acción y que la señora murió en el año 1917 ó 1918.

También me confirmó este señor pariente de mi padre, que tiene en su poder documentos originales que prueban que el señor José de la Rosa, quien era el abuelo de mi padre Felipe Ponceano Olivo, era propietario de una gran cantidad de parcelas en toda el área, las cuales compraba en moneda conocida como "peso fuerte" (cuyo nombre oficial era "Peso Oro"). Algunas de las extensiones de terreno conocidas como "parcelas" que eran propiedad de José de la Rosa, de acuerdo a información suministrada por el pariente son las siguientes: Gonzalo, Las Charcas, Carmona, Cojobal y Dajao (localizadas en Sabana Grande de Boyá); Yaví o Llaví, Limón, Lluvina Dajao-Cañuelo y Proyecto Dajao (ubicadas en Bayaguana); Aguasanta (en Yuna) Las Palmas (en Guerra) y Los Llanos (en San Pedro de Macorís), entre otras.

Luego otras familias fueron llegando desde Bayaguana, Los Llanos, Cabeza de Toro, Maluco, Payabo, Juan Sánchez, Carmona, Dajao, Las Cabirmas, Tala de Sánchez, Aserradero, Rincón Claro, Los Mapolos, Gonzalo, Samaná, La China, Mata Seco, Cojobal, Los Guineos, Los Malucos, Lambedera, Los Limones y La Altagracia, entre otros.

La realidad es que no existen datos exactos sobre cuándo y desde dónde empezaron a llegar los primeros pobladores a esta apartada y pequeña región del país, la cual más tarde se convertiría en un gran pueblo. Sin embargo, el acta de defunción de Pedro Ponciano sirve como verificación de que, ya para el mes de enero del año 1936 este lugar había adquirido el nombre de Sabana Grande de Boyá, que originalmente era un paraje y más tarde se convirtió en Sección, luego en Distrito Municipal y finalmente en Municipio, que en principios pertenecía a la Sección Cabeza de Toro, siendo toda la región una dependencia de la Provincia San Cristóbal.

Otras familias que se unieron a los primeros pobladores fueron las familias Consoró Reyes, Juanico Torres y José Reyes. Además, Felipe Ponciano Olivo, José Mora e Isabelita, Ramón Báez (Mongo el mayordomo), Juan de Jesús Rojas, Lilo Jabalera y su esposa Consuelo Santana. Otros que más tarde establecieron sus residencias allí fueron: Francisco Alcántara, las maestras Melánea y Estervina Rojas, el señor Luís Mejía, señor Gil y su esposa Sofía. También procedentes del pequeño paraje de Boyá se trasladaron a Sabana: Antonio Figaris (el maestro Toñito) y las maestras Diega Figaris y Goyita.

Transcurrido algunos años llegaron a la común Gabina Sánchez, Luisa Melie, Doña Lula, Ramón Rojás (Susa), Julio Toconero (el gallero), Aníbal Lachapel, Doña Sosón, Doña Vigén (la costurera), los esposos Quiro y Botoria. Loreto Reynoso (el barbero del pueblo), Doña Tomasa (la mamá de Francisco Tomasa), Doña Minán (la comadrona o partera del pueblo), el doctor Domínguez Soto (dueño de la Farmacia Miriam) y Barba Azul (uno de los primeros haitianos que llegó a Sabana).

Las pocas casas que existían para esa época estaban distantes unas de otras y la mayoría de éstas estaban techadas con yagua y el piso de tierra. Muy pocas contaban con pisos de madera y estaban techadas de zinc, entre las cuales podían distinguirse la de Alberto Alcántara y familia, que estaba enclavada en medio de un cafetal de su propiedad, las de Ramón Báez (Mongo), Cleto Reyna, José Reyes, familia Consoró, José Mora, Francisco Alcántara y quizás algunas más.

Localización Geográfica

El municipio está geográficamente localizado al norte de Monte Plata, por lo que pertenece a la división Este del país; tiene una extensión de 528.55 Km^2 y limita al noroeste con Villa Riva, al sureste con Monte Plata, en el oeste con Cevicos y en el nordeste con Bayaguana, con quienes comparte el principal pulmón ecológico de la región, el "Parque Nacional Los Haitises". La ciudad tiene sus linderos en la parte norte con Batey Enriquillo (conocido también como Batey Verde), que corresponde a la sección Juan Sánchez; al sur colinda con la sección Cabeza de Toro; al este se ubica la sección Gonzalo (hoy Distrito) y al oeste con el Batey Cojobal, que corresponde a la sección Payabo.

Recursos Naturales

Entre los ríos más cercanos al pueblo de Sabana Grande de Boyá podemos mencionar, Río Boyá, Majagual, La Savita, Río Payabo y el Río Yuna. Debo mencionar que el río más importante para la coumunidad en sus inicios fue Majagual porque era desde donde las amas de casas buscaban el agua para consumo y donde iban a lavar las ropas de la familia, estaba ubicado a 2 ½ km de distancia del pueblo. En los primeros años también existía un pequeño arroyuelo conocido como "La "U" localizado a ½ km justo antes de la entrada del pueblo. Este manantial constitutía la fuente principal y más saludable de abastecimiento de agua potable, las amas de casas cargaban latas de agua en sus cabezas.

Los Haitises, situado al nordeste del pueblo cerca de Gonzalo es uno de los pocos recursos naturales importantes que quedan pertenecientes al Municipio de Sabana Grande de Boyá, el cual se vió recientemente amenazado a desaparecer puesto que el gobierno dominicano insistió en ceder toda el área bajo contrato a una compañía extranjera para la explotación y extracción de "caliche" y la instalación de una planta para la fabricación de cemento, proyecto que fue suspendido por lo menos "temporalmente" gracias a los esfuerzos y reclamos de los residentes y de varias organizaciones que se interesan por la preservación del medio ambiente en el país.

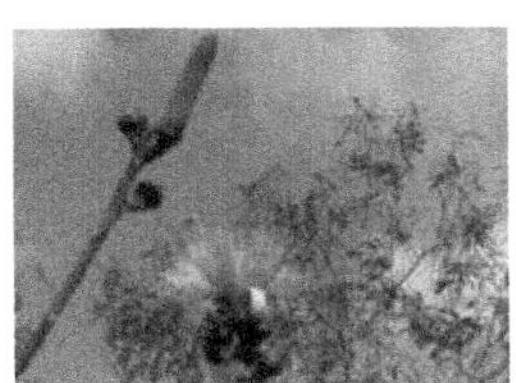

Flor de la Carolina

La Agricultura

Antes de la colonización de la región para la siembra de caña, la agricultura, la ganadería y la pecuaria eran los renglones que ocupaban la totalidad de esos predios. Por ejemplo, recuerdo que mi padre, Felipe Ponceano, era poseedor de un enorme colmenar de abejas del cual cada cierto tiempo obtenía dos y tres tanques de 55 galones llenos de miel de abejas, la que vendía al por mayor; luego de extraer la miel de los panales se obtenía una buena cantidad de cera, la cual preparaba y vendía para la fabricación de velas y velones.

La agricultura del área se vió seriamente afectada por la colonización de una gran porción de los terrenos circundantes; no obstante, la fertilidad de los predios permitió a los agricultores trasladarse a otras regiones cercanas y continuar con la actividad agrícola para la producción de los renglones básicos para la alimentación.

Entre las regiones que mayor desarrollo agrícola de productos básicos alcanzaron se encuentran: Los Limones, Los Mapolos, Majagual, Aserradero y La Cabirma. Era tan abundante la producción de yautía y yuca en algunos de estos lugares que se hacía necesario transportar grandes cargas de esos víveres para abastecer los mercados de Villa Consuelo y el de la Avenida Duarte en la capital; este último luego se convirtió en el Mercado Nuevo.

Los Aserraderos

Como consecuencia de la tala de árboles sin control y el acondicionamiento de los terrenos para la siembra de caña y renglones de productos agrícolas para la alimentación, el gobierno de Rafael L. Trujillo había ofrecido facilidades a la instalación de "aserraderos" donde se llevaban los trozos de los grandes árboles que habían sido cortados para convertirlos en madera.

La despiadada deforestación que sufrió el país durante varios años lesionó enormemente y de manera negativa e irreversible, la flora y la fauna de la que fue quizás la isla con terrenos más fértiles en toda el área del Caribe, gracias a la irresponsabilidad de un pequeño grupo que se beneficiaba con la actividad de los aserraderos. Luego se sumó la expansión de tala de árboles a la producción de carbón, al igual que la extracción indiscriminada de arena y gravilla de los ríos, los que posteriormente en su mayoría desaparecieron o se convertieron en pequeños arroyuelos, luego de ser fuentes de grandes corrientes de agua con un caudal envidiable.

En el área de Sabana existieron dos grandes aserraderos, los cuales se mantuvieron operando durante varios años, hasta que finalmente fue prohibido su funcionamiento. Uno estaba localizado en Los Limones y el otro en el lugar bautizado con el mismo nombre de "Aserradero".

Una de las Primeras Casas

Con la eliminación del cafetal que existía en la salida del pueblo hacia Gonzalo, desapareció la vivienda más antigua que existía en el pueblo la cual, de acuerdo a la señora Petronila Alcántara "Doña Nunú" (hija de Alberto Alcántara), había sido construída en el 1911. A su lado también se observaba el secadero de café y cacao, que consistía en una enramada de baja altura muy similar al techo de una casa, el cual era movido de un extremo al otro para permitir que el sol pudiera secar los granos depositados allí una vez habían sido recogidos. Este techo corredizo también protegía los productos de la lluvia y del rocío.

Debo aclarar que, el hecho de que la vivienda existiera desde esa fecha, no quiere decir que formara parte de un pueblo, pues ya hemos dicho que estos terrenos estaban dedicados mayormente a la agricultura, ganadería y el cultivo de otros rubros menores, donde sus propietarios residían. Supuestamente fue construida por el padre del señor Alberto Alcántara.

Las Calles de Sabana

Debido a que en principio existían muy pocas calles en el pueblo de Sabana, a ninguna se le había asignado nombre propio, por lo que se acostumbraba nombrarlas por el lugar más conocido hacia donde se dirigían. Por ejemplo, la Avenida Duarte se conocía como la "carretera de la "U" en el extremo que se dirige hacia Monte Plata y en el otro extremo como "la carretera de Batey Verde"; La calle La Candelaria se denominaba como "la carretera de Gonzalo"; la calle Enriquillo como "la carretera de Cabeza de Toro"; la calle 1ro. de Marzo era bien conocida como "la carretera de Cojobal"; "la calle de la gallera"; la calle 2 como "la carretera de la emplanada" , etc.

Cueva del Negro Liberado

En el paraje Los Limones existe una antigua caverna, a la que los lugareños denominaron "la Cueva del Negro Liberado", donde los millares de murciélagos que allí hacen vida silvestre, depositan una considerable cantidad de murcielaguina. Los desechos de esos mamíferos se vendían por sacos para ser usados como abono para la agricultura, costumbre que aún muchos mantienen.

Es oportuno señalar que originalmente Sabana Grande de Boyá pertenecía a la provincia de San Cristóbal, teniendo como ciudad cabecera al Distrito de Monte Plata que también pertenecía a esa provincia, convirtiéndose luego Sabana Grande de Boyá en Distrito Municipal y Monte Plata en la ciudad cabecera de la provincia. La explicación del por qué estos lugares tan distantes uno de otro pertenecían anteriormente a la provincia de San Cristóbal era porque en esa ciudad nació y tenía su residencia habitual el Presidente, "Generalísimo doctor" Rafael Leonidas Trujillo Molina, "Benefactor y Padre de la Patria Nueva", "El Jefe" como se le conocía en aquel entonces. Además, era obligatorio tener en todos los hogares del país un letrero que decía "en esta casa Trujillo es el "Jefe" acompañado de una estatua en bronce de Trujillo.

El Cementerio

El primer cementerio que existió en el pueblo de Sabana estaba ubicado en la salida del pueblo, a pocos metros de distancia de donde fue construida la Maternidad. En ese tiempo no existía facilidad alguna para la construcción de lápidas, nichos, etc. A la tumba solamente se le colocaba una cruz de madera rústica. Era responsabilidad de los parientes identificar con precisión donde estaba enterrado su difunto. No era una tarea tan difícil porque la población era pequeña y por tanto, el cementerio tenían una dimension relativamente reducida. Varios años más tarde fue construído el cementerio municipal, el cual está localizado en la "Carretera de Cojobal"

La Casa de Trujillo

Era habitual que el Presidente Trujillo ordenara fabricar casas en los lugares donde acostumbraba visitar para disfrutar de sus travesuras, incluyendo una que estaba localizada a ½ km de distancia del caserío de Sabana. Según contaba mi padre, Trujillo era hombre muy valiente y se desplazaba en un yeep por cualquier vía donde hubiera carreteras. No se tiene la fecha exacta cuando ordenó la construcción de la misma, aunque se cree fue por los años 1952-1953, de la cual me parece quedan aun los vestigios.

La Casa de Trujillo en Sabana

Siembra y Cultivo de Caña

Muchos años han tenido que transcurrir para que este pueblo encuentre el desarrollo desde aquellos tiempos cuando un puñado de hombres y mujeres empezó a llegar de distintos lugares del país a estos montes cubiertos por malezas y árboles frutales, así como manadas de animales cimarrones que los nativos acostumbraban cazar para su consumo.

Mi padre Felipe iba con frecuencia a "montear" o cazar puercos cimarrones cada cierto tiempo para traer carne a la casa. Recuerdo que siendo niño siempre veía en el patio de la casa, huezos y colmillos de los puercos que cazaba. Ademas, Felipe tenía una gran cicatriz en su pierna izquierda de una herida que le produjo un puerco cimarrón o "puerco alzao" con sus colmillos mientras trataba de atraparlo.

Según explicó el propio Felipe Ponceano, quien tenía una extensa finca de café, cacao y un gran colmenar de abejas ubicado a medio kilómetro de distancia del Batey Cojobal donde vivía con la familia, en el año 1949 el Presidente Rafael Leonidas Trujillo Molina, instruyó al señor José Antonio Jiménez para que se trasladara a la zona con la misión de explorar y determinar si esos predios estaban aptos para el cultivo de caña.

Una vez confirmada la fertilidad de los terrenos, en el año 1950 "El Jefe" dió instrucciones precisas para iniciar el desalojo inmediato de todas las familias que tenían sus propiedades en el lugar para convertir toda el área en fincas de caña, llegando sorpresivamente grandes maquinarias y tractores que iniciaron las talas de árboles frutales y destruyendo todo cuanto encontraban a su paso.

Tan pronto los tractores terminaron el proceso de tumba de árboles, limpieza, preparación, arado y acondicionamiento de las tierras, se empezó la siembra de caña en esta colonia.

Las familias más afectadas por esta decisión fueron aquellos grupos que tenían sus propiedades en lugares aledaños a la comunidad, como los Ponceano Olivo, Alcántara, Consoró, Reyes, Alduey, y la compañía Ricart. Se dice que a esta última "El Jefe" le compró su terreno a un precio de $1.25 por tarea (un peso con veinticinco centavos).

Es por ello que en el año 1950 todas estas familias se vieron obligadas a abandonar sus propiedades para establecer sus domicilios en lo que es hoy el pueblo, pasando así a formar parte de la pequeña población de Sabana Grande de Boyá.

En nuestro caso, nos mudamos desde Cojobal para Sabana, en una pequeña edificación de tablas de palmas dividida en dos, techada con yaguas y el piso de tierra, localizada exactamente al lado de un campo de caña donde solamente lo dividía un carril por donde transitaban los bueyes halando las carretas cargadas de caña.

Al frente de la casa pasaba una carretera de piedras sin pavimentar la que llamaban "La Carretera de Cojobal" por ser la única vía de acceso que conducía a ese Batey, que también pasó a ser un lugar rodeado de grandes cañaverales.

En éste y otros bateyes aledaños era donde normalmente alojaban a los haitianos en barracones, los que traían contratados desde el vecino país de Haití por el Gobierno de Trujillo para el corte, recogida y tiro de la caña.

Batey Cojobal

Con la llegada de la Finca, el Batey Cojobal adquirió rápidamente un dinámico movimiento económico debido a que se generaba un gran flujo de actividad cañera en tiempos de "Zafra", como se denominaba la época del corte de caña. En este lugar solamente existía un colmado que se conocía como "La Bodega de Eligio Astasio" y era donde se vendían provisiones de todo tipo y los haitianos podían canjear sus tickets que recibían como pago por las distintas labores que realizaban.

Es importante destacar que la actividad cañera empleaba una gran cantidad de personas entre ellas, el administrador de la colonia y su secretaria, el superintendente, el mayordomo, el capataz, el pesador, el tiquero, así como el pagador, sin mencionar el personal especializado de oficina, los bueyeros o boyeros, carreteros y, finalmente, los picadores de caña. Este último era el que menos dinero recibía por la actividad, ya que solamente se utilizaba para las labores cañeras que se desarrollaban en el campo de siembra, cultivo y corte de la caña.

El pago que se hacía a los haitianos por su labor era a través de un pequeño documento escrito a mano por el tiquero que se conocía como ticket, el cual ellos podían canjear en la bodega por artículos comestibles, ropas y recibir una porción en efectivo si les quedaba algo. El valor de cada ticket generalmente oscilaba entre 50 centavos hasta 3 pesos.

Corte y Carga de Caña

Braceros de la Caña

Fincas de Caña

A las grandes y abundantes plantaciones le llamaban "Fincas de Cañas". Las fincas estaban divididas en colonias que consistían en subdivisiones de áreas más pequeñas con el propósito de estar mejor supervisadas, controladas y más eficientes en la producción de caña de azúcar.

Las áreas del este y el noreste era donde existían las más extensas plantaciones de caña y estaban divididas en varias colonias que se extendían desde Sosúa en Puerto Plata, en el norte, hasta San Pedro de Macorís y La Romana, en el este del país.

Las colonias más próximas a Sabana Grande de Boyá eran las siguientes: Colonia Gonzalo; Colonia Sabana Larga de Gonzalo;

Colonia Enriquillo; Colonia Juan Sánchez; Colonia Zapote; Colonia San Antonio; Colonia Cojobal; Colonia Aserradero; Colonia San Pedro; Colonia Arenoso; Colonia La Luisa; Colonia Don Juan; Colonia Guanuma y Colonia La Estrella. La Colonia Enriquillo era donde estaban ubicadas las oficinas principales del Administrador. Cada Colonia tenía asignado un superintendente y varios mayordomos.

Debido a la expansión de las colonias cañeras, el gobierno tuvo la necesidad de construir varios ingenios, llegando a 14 la cantidad que existieron para la molienda de caña, siendo el segundo en tamaño el Ingenio Rio Haina por su capacidad para procesar la caña y producir azúcar, debido a que estaba constituido por dos (2) ingenios gemelos: el Ingenio Boyá y el Ingenio Rio Haina. Este ingenio fue fundado en el año 1950 para la molienda y proceso de toda la producción de las plantaciones de esta industria en todas estas colonias.

Ingenio Rio Haina

Comienzos de la Educación en Sabana Grande de Boyá

Se puede considerar el 1951 como el año que marcó el inicio de los primeros pasos para la educación en Sabana Grande de Boyá donde, hasta entonces, no existía centro de enseñanza alguno para los niños de la comunidad. Para ese año la población empezó a mostrar un rápido crecimiento en número de habitantes, pues bajo el régimen de Trujillo era obligatoria la asistencia a la escuela para todo niño que hubiera cumplido los cinco años de edad, de lo contrario, sus padres estaban sujetos a penalizaciones con multa y hasta prisión. Para suplir la demanda, fue necesario habilitar un humilde local para la enseñanza primaria con la participación de los primeros profesores oficiales, la maestra Goyita Ruiz, Diega Figaris, el maestro Toñito Figaris y la Maestra Melánea.

Ese local estaba ubicado justamente frente a la casa de mis padres en la "Carretera de Cojobal", lo que es hoy la calle 1ro. de Marzo. Era un espacio pequeño sin ninguna división en su interior y estaba dotado de un rústico y reducido mobiliario para acomodar a los niños y un par de pizarras.

Años más tarde (1955), como un angel enviado del cielo llega al pueblo una jovencita de nombre Ramona Reynoso quien, con una vocación innata para enseñar y un deseo inmenso de ayudar a niños y adultos, para unirse a los comienzos de la educación. Inicialmente llegó a Cojobal desde Plaza Cacique, en Monte Plata.

Empezó en un reducido espacio de la casa del señor Ramón Báez (Mongo) donde le proporcionaron alojamiento, empezó a organizar de manera informal un pequeño grupo de niños en un sistema educativo muy elemental y precario con el propósito de contribuir con la educación del pueblo, alfabetizando a los pequeños para que, una vez fueran inscritos en la escuela, ya tuvieran conocimientos sobre las vocales y los primeros números.

Muy pronto y con ese pequeño grupo de niños bajo su dirección, la joven maestra fue logrando el reconocimiento y aprecio de la comunidad, convirtiéndose en la "Maestra Ramona", quien ya no solamente era profesora para niños sino también para algunos jóvenes adolescentes que deseaban aprender a leer y escribir, entre los que se encontraban mis hermanos Luis y Antonio Ponceano.

Cabe destacar que esos servicios los ofrecía la "Maestra Ramona" de manera voluntaria y por vocación, a fin de contribuir con el desarrollo educativo del naciente pueblo, aunque el tiempo que permaneció laborando en Cojobal lo hizo a través de un nombramiento que logró con la Secretaría de Educación. Tras su cancelación, se dedicó a la educación privada en Sabana, labor que posteriormente le sirvió de sustento a su familia.

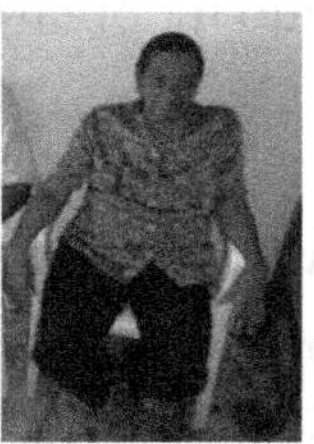

La Maestra Ramona

El "Abaco"

El ábaco fue un implemento de enseñanza muy útil del cual se auxiliaban los maestros en todo el país para, además de enseñar los niños a contar, también les servia para sumar y restar.

Esto era un instrumento que consistía en un cuadro construido con pequeñas tablas de madera de 3 a 4 piés de altura y de la mitad hacia arriba se le colocaban dos alambres finos de forma paralela horizontal. A cada alambre se le colocaban diez semillas de "samo" a lo que también los niños conocíamos como "matíngolas"; para esto hacían un orificio en el centro a cada semilla para introducir el alambre en medio de éstas, de manera que quedaran alineadas y pudieran ser deslizadas suavemente moviendo cada unidad con los dedos.

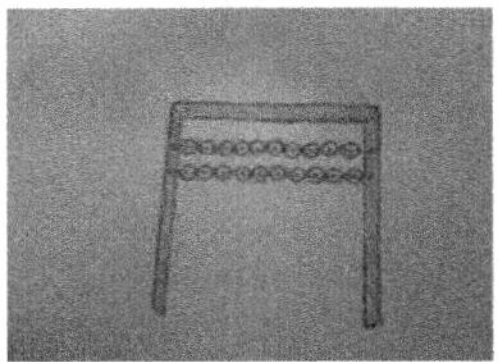

Abaco

Fue en el año 1952 cuando mis padres decidieron inscribirme en la escuela. Esta decisión se debió quizás a su temor de ser sancionados severamente si no cumplían con el mandato de "Trujillo". Para esos tiempos la mayoría de los padres no consideraban importante que sus hijos aprendieran a leer y escribir, mucho menos los mios, que eran analfabetos y por tanto desconocían el valor de la educación.

El Desayuno Escolar

Es en este local donde las autoridades educativas establecen el programa para el "Desayuno Escolar". Quizás por el hecho de la escuela estar ubicada exactamente frente a nuestra casa, el 1952 fue un año de bonanzas para la familia ya que mi madre Luisa Alcántara fue nombrada encargada de repartir el "Desayuno Escolar" con un sueldo de 6.00 pesos mensuales. El desayuno consistía en un pan de agua con un jarro de Trópico (tamaño taza de café regular), una exquisita bebida preparada de leche y chocolate, envasada en botella de cristal de 12 onzas (con una matita de coco de color verde pintada, simbolizando el clima tropical del Caribe).

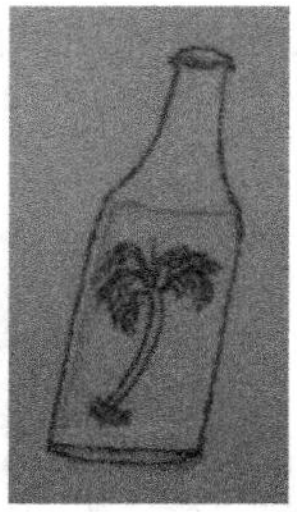

Una Botellita de Trópico

La situación familiar seguía mejorando y al poco tiempo mi madre también fue contratada por la Maestra Melánea para que lavara y planchara la ropa de su familia por lo que le pagaba 3.00 pesos al mes. La maestra Melánea también fue una de las primeras en impartir clases en esta escuela.

Construcción del Primer Local Escolar – El Barracón

Aproximadamente para el año 1954 y debido al rápido aumento de la población y el crecimiento de la comunidad infantil, las autoridades decidieron ordenar la construcción del primer local adecuado para alojar oficialmente la escuela que alcanzaría hasta el 5to. grado de la educación primaria, lo que provocó el descontento entre los residentes ya que fue iniciado en un lugar distante, apartado y fuera del pueblo. Muchos de los estudiantes debíamos caminar más de 2 kilómetros para llegar.

La escuela de "El Barracón" estaba localizada frente al cafetal propiedad del señor Alberto Alcántara Sánchez en la salida de la carretera que conduce hacia Las Taranas, Gonzalo. La edificación contaba de cinco aulas para acomodar los diferentes niveles de la educación desde el 1ro. hasta el 5to. grado y con un espacio que servía de cocina para la preparación y distribución del desayuno escolar. Fue construido con piso de madera y techado de zinc.

En vista de que "El Barracón" fue construido en un terreno irregular, para lograr nivelar su piso los constructores tuvieron que levantar la edificación del suelo en el extremo Este, espacio que los estudiantes aprovechábamos para jugar debajo del piso.

Para asistir al nuevo local se exigía que los estudiantes vistieran uniformes los cuales debían ser confeccionados en tela de kaki; el uniforme para los varones podía ser pantalones cortos o largos y las hembras debían vestir faldas de kaki con blusa azul. Los uniformes tenían que estar siempre impecablemente limpios y bien planchados.

Otro requisito indispensable consistía en que cada estudiante tenía la obligación de observar una higiene estricta. Los maestros revisaban las uñas y las orejas de los alumnos para asegurarse que no estuvieran sucias, porque de lo contrario, estaban sujetos a un castigo que podía consistir en halar las orejas, pegarles con una regla en las manos, ponerlos de rodilla frente al pizarrón o fuera de la escuela bajo el sol.

Algunos de los maestros que recordamos son, Eladio Docoudray, Carmen Montolío (la Maestra Carmen) y Antonio Figaris (el Maestro Toñito). Este último siempre se distinguió por su carácter de rectitud a quien todos los estudiantes temían solamente de verlo mirar por encima de sus lentes.

En "El Barracón" estuve asistiendo desde el 2do. hasta el 4to. curso. Al terminar el 4to. grado de la primaria, específicamente en el año escolar 1954-1955, tuve que cambiar de escuela. Por alguna razón mis padres se separaron y debí irme a vivir con Felipe Ponceano al Batey Cojobal, donde cursé y aprobé el 5to. curso, además de empezar y aprender a independizarme a temprana edad.

Siembra de Caña en La Chamucá

La primera tumba de árboles alrededor del pueblo de Sabana se llevó a cabo en el barrio "La Chamucá" donde sembraron caña por primera vez en el lugar. En este espacio también fue instalado un molino de viento con el propósito de extraer agua subterránea para abastecer el consumo de la población.

La Chamucá (La Chamucada) era un lugar amplio y espacioso que estaba localizado en lo que hoy es la Calle Dos, la cual se une a la Avenida Duarte casi frente al Ayuntamiento y se extiende de forma transversal hacia la salida del pueblo por ese extremo. Este lugar fue más tarde nombrado como "La Emplanada" debido a que se había habilitado allí un espacio para "el tiro de caña" o "chucho" (como le llamaban en ese entonces), donde terminaba la vía férrea o la línea de la locomotora para recoger los vagones que habían sido llenados de caña para ser transportados hacia el Ingenio Rio Haina para su molienda y producción del azúcar.

Primer Viaje de Caña en el Ferrocarril

El Triple

En Vista de que las plantaciones de caña se expandían cada vez más a un ritmo acelerado con la ampliación de las colonias, para finales del año 1962 ó comienzos de 1963, fue necesario desarrollar otros mecanismos que hicieran más práctico y eficiente el manejo y transporte de las grandes cantidades de caña que se producían en toda el área, lo que dio origen a la construcción de una combinación de estructuras que facilitaban mucho más el trabajo, pasando de una cadena de labor manual a un trabajo mecánico, el cual contribuyó a dinamizar de manera extraordinaria el proceso.

Grúa para Caña en el Triple

Para esto se habilitó un espacio denominado "El Triple", el cual esta localizado en la carretera que conduce hacia Cojobal a menos de un kilómetro de distancia del pueblo de Sabana Grande de Boyá, muy cerca del cementerio. Había una estructura mecánica que tenía la función de desmontar, mediante el uso de una grúa, las cargas de caña que transportaban las carretas, tractores y camiones hasta ese lugar, para de inmediato pasarla a los vagones de la locomotora y finalmente llevar el producto al ingenio Río Haina para su molienda.

Camión Cargando Caña

Fábrica de Yugos para los Bueyes

Ya les comenté que en el año 1950 mis padres se mudaron desde Cojobal para el pueblo de Sabana Grande de Boyá. Donde vivíamos a solo dos casas más abajo del frente de la nuestra se instaló una fábrica para confeccionar los "Yugos" que se les ponían a los bueyes para halar las carretas cargadas de caña. En ese taller trabajaban tres o cuatro hombres en su fabricación.

Esos yugos consistían en un trozo de madera gruesa labrado en forma de curva en cada extremo que acomodaba el pescuezo de dos bueyes, de manera que formaran una yunta o pareja a una distancia de 2 pies aproximadamente uno del otro. Este pesado yugo era amarrado y sujetado firmemente con una soga resistente a los cuernos del animal, de manera que pudiera soportar y transportar el peso de una carga bastante pesada para ellos.

Con un yugo podían unirse solamente dos bueyes pero se unían con una extensión en el centro para formar parejas de tres de un lado y tres del otro para formar una cadena de tres yuntas con seis bueyes. Al final de la última pareja se le enganchaba la carreta a través de una viga central que unía las tres "yuntas".

Cuando la carreta se atascaba y los bueyes no podían subir una loma o salir del lodo, el carretero (que era la persona que dirigía y guiaba los bueyes) le solicitaba al mayordomo de turno que le enviara otra yunta de refuerzo para unirlos a los suyos y juntos crear una gran fuerza que los remolcaba. La función del remolque era muy útil cuando trabajaban en los temporales de lluvia durante la zafra.

Para hacer obedecer los bueyes el carretero utilizaba siempre una "garrocha" la cual consistía en una vara fina de madera de 5 a 6 piés de largo con un clavo incrustado en un extremo, que utilizaba para clavarlo al cuerpo del buey cuando éste no obedecía las instrucciones de manera inmediata. El Carretero también bautizaba a sus bueyes con nombres lo cual el animal parecía entender. Algunos nombres de bueyes que vienen a mi mente: "Cabo e'vela", "Azabache", Bol'e fuego", "Nuve negra", "Noche oscura", etc., etc.

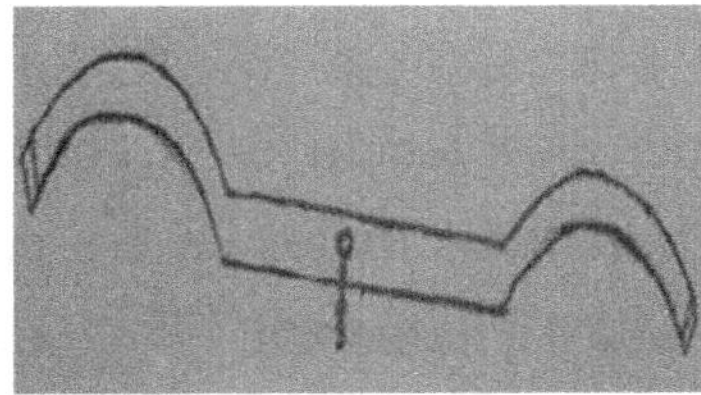

Yugo para Bueyes

Yuntas de Bueyes

Los Primeros Negocios

En pocos años la comunidad de Sabana Grande de Boyá empezó a mostrar un crecimiento vertiginoso debido a una gran afluencia de personas provenientes de distintos puntos del país, atraídas por la abundancia de oportunidades de empleos y la demanda de mano de obra en los diferentes procesos de siembra, cultivo, corte y transporte de la caña de azúcar en toda el área.

Por esa razón la economía del lugar pronto empezó a tener un auge extraordinario atrayendo cada vez más y más personas y esto dió lugar al establecimiento de los primeros negocios en el pequeño pueblo, entre los que estaban la bodega La Miscelánea, propiedad de Heriberto Hernández, la tienda de Negro y Papalín, la tienda "La Equidad" del señor Neftali y el almacén de Don Daniel Romero. En el Batey Cojobal, el único negocio de abastecimiento que existía era la bodega de Eligio Astacio.

Entretenimiento y Diversión

Este auge económico dió lugar también al surgimiento de otros negocios para satisfacer las necesidades de un sector de la comunidad, consistiendo en actividades que ofrecían diversión para adultos y logrando gran popularidad las llamadas "casas de citas" y los cabarets o cafés.

Antes del año 1954 ya se había establecido el "Cabaret" o "Café" como también le llamaban a los prostíbulos en esa época. El más antiguo y conocido era el que le llamaban "Tinanina" y estaba localizado en la conocida Calle de la Gallera; este negocio era propiedad del señor Lalo Delgado.

Este era el lugar favorito donde los trabajadores de la caña después de su jornada diaria de labores iban a divertirse tomando ron (romo) y cervezas donde, además de "amargarse" escuchando canciones de "bachatas" en la vellonera y bajo los efectos del alcohol, complementaban su diversión en compañía de mujeres de la vida alegre o prostitutas, como también les decían a las servidoras sexuales.

Para mediados del año 1957 aproximadamente, abrió sus puertas otro cabaret bajo el nombre de "Brisas de las Cañas" el cual estaba ubicado en la carretera de Batey Verde (como se conocía en esos tiempos la Avenida Duarte). Este lugar pronto alcanzó mucha popularidad porque, además de lo tradicional de la época para ese tipo de negocios, con su vellonera ofrecía sets de música bailable para sus clientes y también traía artistas para presentaciones en vivo.

En una ocasión contrataron a José Manuel Calderón para presentarlo en el lugar por ser uno de los artistas que contaba con mayor popularidad en la época. El local era pequeño y tenía un patio grande, por lo que cubrían el espacio con pencas de coco para concentrar mas personas en la presentación. Para ese tiempo yo era un adolescente y como el dinero era escaso, un grupo de jóvenes abrimos pequeñas brechas entre las pencas y logramos disfrutar un poco del show escuchando sus canciones.

También recuerdo que en una ocasión a ese lugar llegó una servidora sexual que vino a revolucionar el negocio ofreciendo un servicio bastante inusual en cualquier época y consistía en lo siguiente: Ella ofrecía el servicio de "enseñar a los niños de 10 a 13 años en adelante a besar a una mujer", servicio por el cual cobraba "una menta" verde (o menta de guardia) a cada niño que estuviera dispuesto a aprender a besar.

Parece que mi hermano Joaquín Ponceano (Negro) a la edad de 12 años fue uno de sus primeros "clientes" porque me lo contó a ver si yo también me animaba. El vivía muy cerca del cabaret en la primera sastrería que existió en el pueblo, cuyo sastre era el señor Gabriel donde mis padres acordaron llevarlo a vivir para que aprendiera el oficio, donde pasó varios años.

Otro cabaret que más tarde abrió sus puertas fue el de Solera, donde mi cuñado Mélido "Similñico" (ex esposo de mi hermana Altagracia "Tatá") me ayudó a conseguir trabajo como baltender, a cuyo oficio también le llamaban "Maipiolo".

Ese trabajito no era nada cómodo, porque yo tenía que entrar a las 4 de la tarde hasta la madrugada mientras hubiera clientes. A esa hora me iba a casa y tempranito en la mañana tenía que volver para lavar todos los vasos, recoger las botellas y limpiar el piso para que estuviera listo al abrir nuevamente a las 4 pm. Por ese honroso empleo la señora Solera acordó pagarme un sueldo mensual de $15.00 pesos. Claro, en ese tiempo no existía la costumbre de que los clientes dejaran propinas, excepto algunos pocos que quizás me daban 25 cheles (25 centavos) como agradecimiento. Allí no soporté mucho tiempo, aunque el sueldo no estaba mal para la época.

También existían algunas "Casas de Citas" que eran lugares muy discretos donde había mujeres que ofrecían sus servicios sexuales y los hombres acudían a tomar tragos en compañía de ellas, por lo cual el hombre tenía que pagar primero "la cama" (que en principio costaba 50 centavos, luego 1 peso y más tarde 2 pesos) y luego pagar a la mujer que le acompañaba. Por su servicio ella podía cobrar entre $1.00 ó $2.00 (uno o dos pesos).

La Casa Escondida

La primera "casa de cita" en el pueblo fue la de Doña Lidia, la que se conocía como "La Casa Econdía o La Casa Escondida" y que visitaban muchos hombres, tanto residentes del pueblo, incluyendo casados, como los que venían de otros lugares. La ventaja que tenía este lugar era que, además de ser muy discreto, la dueña Doña Lidia siempre se caracterizó por tener una variedad de mujeres jóvenes y elegantes en su negocio, a quienes reemplazaba con frecuencia; estaba localizada en una esquina de la Calle 6. Más tarde abrieron otras casas de citas en el pueblo, pero no tuvieron tanto éxito como "La Casa Escondida".

La Gallera

La Gallera estaba ubicada en la misma calle del cabaret "Tinanina". Este era otro de los lugares de diversión para aquellos aficionados al deporte del pico y las espuelas o "pelea de gallos". En la gallera se desarrollaban emotivas peleas de gallos aunque también con frecuencia se originaban riñas entre algunos de los apostadores cuando perdían una apuesta en la que consideraban hubo "trampas".

Curiosamente, a mi cuñado Mélido Antonio Diaz "Simiñico" le gustaban los "gallos peleados" y se dedicaba a comprar aquellos que perdían la pelea y quedaban moribundos por las heridas que originaban las espuelas del gallo vencedor. Estos gallos moribundos los vendían a 25 cheles (25 centavos). Simiñico los compraba y se los llevaba a mi mamá para que se los cocinara.

El Cafetal de Samué e Isidora

Frente a lo que era el local del "Partido Dominicano" existía otro cafetal que era propiedad del señor Alberto Alcántara. Este abarcaba un espacio de terreno de aproximadamente 300 o 350 metros cuadrados y estaba bajo el cuidado de los señores Samué (o Samuel) e Isidora, que se conocía como "El Cafetal de Samué". Aquí mi madre Luisa Alcántara acostumbraba recoger café durante las cosechas, con el propósito de ganarse el café para su consumo. Mi madre todos los días me llevaba para hacerle compañía.

Mientras ella subía a las plantas del cafetalero para recolectar el producto grano a grano, al no poder ayudarla porque era muy pequeño, me pasaba el tiempo jugando, cazando cigüitas (recuerdo que solamente pude cazar una y se me escapó volando luego de tenerla en las manos) y maroteando debajo de ese sombrío paisaje que producían las plantas de café, cacao y árboles frutales como el zapote, níspero, gina, guama, etc.

Por esa labor de recolección a mi madre le pagaban un cajón de café por cada 4 que recogía (1 cajón era una medida estándar que se usaba para medir pequeñas y medianas cantidades de los productos graneros como el arroz, maíz, café, cacao, habichuelas, guandules, palma, etc. Para cantidades de mayor volumen se usaba la "fanega" como medida, cuyo contenido podía ser de 10 a 12 cajones del producto de que se tratara. Ciertos víveres como la batata, yautía, yuca, etc. también eran medidos por cajones).

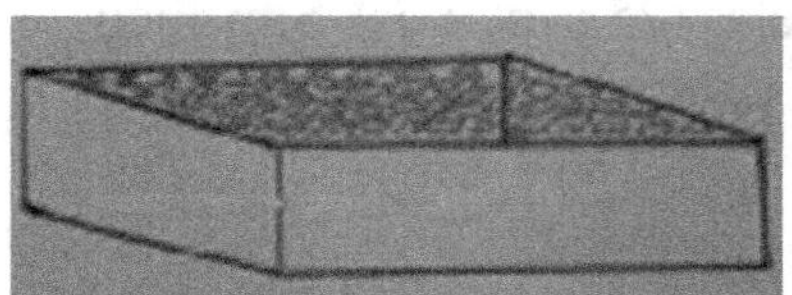

Un Cajón de Café

El Crimen más Conmovedor en la Historia del Pueblo

La primera panadería que existió estaba localizada frente a la tienda La Miscelánea y era propiedad de dos señores, quienes eran compadres y vivían uno al lado del otro en la calle Enriquillo. Esta sociedad de negocio y los sacramentos de compadres entre estos dos vecinos tuvo un triste y lamentable final, dejando a dos familias destruídas con uno de los padres en la cárcel y el otro en el cementerio (se omiten los nombres para protección de la identidad).

Un martes justo al medio día una trágica noticia quebrantó la tranquilidad de los residentes del pacífico pueblito, ya que uno de ellos asesinó a puñaladas a su compadre dentro de la misma panadería. Al cometer el hecho el compadre asesino salió del negocio ante la mirada atónita de varias personas que lo vieron caminar por la calle María Trinidad Sánchez con el arma homicida en sus manos ensangrentadas limpiándoselas con un pañuelo blanco.

El individuo homicida se dirigió a entregarse en el cuartel de la guardia que estaba localizado en la avenida Duarte y al llegar simplemente le dijo al guardia de servicio: "Métame preso porque maté a mi compadre". Ese mismo día fue trasladado a la cárcel de San Cristóbal. En ese tiempo, todos los presos eran trasladados a la ciudad cabecera de la provincia para ser juzgados y cumplir la condena que les fuera impuesta.

Algunos vecinos comentaron, que las razones de ese horrendo crimen fueron motivos pasionales ya que al parecer, el victimario estaba celoso porque supuestamente su esposa le era infiel con su mejor amigo, vecino y compadre, versión que nunca fue confirmada ni negada por las autoridades.

Para entonces el pueblo de Sabana Grande de Boyá todavía no había sido dotado de un cuerpo policial. Solamente existía el "Cuartel de la Guardia" que era el organismo encargado del cumplimiento de la ley y protección a los ciudadanos, estaba localizado en el mismo local que más tarde serviría para funcionar "El Cuartel de la Policía".

El Primer Guardia en Sabana ("DIAZ el Guardia")

Un señor conocido solamente por el apellido de "DIAZ" fue el primer y único guardia que existió y custodió el pueblo de Sabana durante varios años y mantuvo la población en zozobra durante mucho tiempo porque era el encargado de cuidar los cañaverales.

La autoridad de este guardia le permitía vigilar todos los campos de caña alrededor del pueblo y lugares aledaños y cuya función era evitar que cualquier persona cortara una caña para comérsela (sí, una caña). Su arma de reglamento consistía únicamente en una "macana" (un trozo de palo) la cual llevaba siempre atado con una correa a su cintura.

Mis padres eran muy amigos de este guardia y mi madre era quien le lavaba y planchaba su uniforme de guardia. Me imagino que por su condición de "autoridad" en la época, no pagaba por este servicio. También acostumbraba desayunar y tomar café en casa de mis padres.

Según se comentaba, este temible personaje tenía por costumbre aplicarle un castigo dándole una pela a cualquier hombre que encontrara cortando o comiéndose una caña dentro del cañaveral. Esta historia fue corroborada en varias ocasiones por diferentes personas quienes fueron víctimas del severo castigo por parte de este guardia.

Sin embargo, con el transcurrir del tiempo y a través de los años, todas las personas vamos perdiendo fuerza y facultades. En esos tiempos era muy común que cuando los adultos empezaban a sufrir de su dentadura les sacaran todos sus dientes y muelas, ya que no existían métodos para hacer empates dentales ni tratamiento.

Con esta suerte corrió el señor Díaz a quien le extrajeron toda su dentadura.

Se cuenta que algunos hombres a quienes este personaje les había proporcionado su "pela", un día se pusieron de acuerdo para tomar venganza; lo acecharon y cuando éste se disponía a enfrentarse al primero que encontró cortando una caña para darle su "pela", su sorpresa no pudo ser mayor cuando el grupo le salió al frente, le pelaron un par de cañas y lo obligaron a comérselas aun sin tener dientes en su boca, bajo la advertencia de que: "eso es para que aprenda a respetar a los hombres".

Al parecer de ahí en adelante aprendió la lección porque jamás se escuchó haberle proporcionado un castigo a alguien más. Después de esa experiencia el señor "Diaz" fue desapareciendo poco a poco hasta que no se supo más de él.

Primer Ladrón del Pueblo

La primera persona cuya ocupación fue dedicarse a "tomar prestado" lo ajeno sin devolverlo y sin el consentimiento de sus dueños, era un joven alto y delgado a quien por su destreza en ese arte lo llamaban "Gallina". Nunca quedó claro si ese nombre lo adquirió por alguna relación con el primer producto de su trabajo o por alguna condición física en su contextura. Sin embargo, a él no le molestaba que le llamaran "Gallina".

Como amigo de lo ajeno, "Gallina" logró aumentar su popularidad por su trabajo en todo el pueblo, a tal punto, que en cualquier lugar que se hablaba de algún robo, las autoridades ya tenían la plena seguridad a quien buscar y donde conseguirlo.

Primeros choferes

El primer chofer que empezó a ofrecer sus servicios de transporte en el pueblo fue un señor de edad avanzada conocido como "El Viejo Fofito". Era la única persona con vehículo que transportaba pasajeros desde aquí hasta Monte Plata, ya que en esos tiempos el medio de transporte más común era el caballo y el lugar más distante a visitar Monte Plata, donde los residentes del pueblo debían trasladarse cuando necesitaban algún documento, incluyendo la declaración de nacimiento de un niño.

Años más tarde y a medida que el pueblo empezaba a crecer por la llegada de personas de diferentes lugares, empezaron a aparecer otros choferes que ofrecían sus servicios entre ellos el que le decían "El Vale". Varios años después e impulsados por la creciente demanda de transporte hacia la capital se integraron otros choferes más jóvenes como: Timo, Nino; Coro; El Rubio; Mario Brea; Rafael Tavárez "Fey"; Juancito y Bertico, conocido como "La Semilla", quien viajaba desde el Batey Juan Sánchez hacia la capital. "La Semilla" era un personaje tan especial que su esposa tenía que viajar con él todos los días porque él siempre se emborrachaba durante el camino y era un accidente seguro. En su lugar, la esposa tenía que encargarse del guía para conducir de regreso, los pasajeros del lugar no tenían otra opción ya que se trataba del único transporte disponible.

Carro Pontiac de 1953

Primera Bomba de Gasolina

La primera bomba de gasolina (estación de gasolina) del pueblo estaba localizada frente a la bodega de Negro y Papalín quienes habían venido desde Monte Plata a establecer sus negocios en este pueblo. El dueño de esa bomba de gasolina era el señor Negro. Estaba localizada en la Avenida Duarte donde empieza la Calle Enriquillo. Después el señor Mario Brea abrió la segunda bomba de gasolina en el pueblo, la cual estaba ubicada frente a la "Tienda La Miscelánea" al lado de la panadería.

El Primer Gomero

La primera persona en establecer un taller para ofrecer servicios en la reparación de gomas o llantas para vehículos fue el señor "Yan Bati" y su pequeño negocio estaba localizado exactamente detrás de la Bomba de Gasolina de Negro, al lado de la tienda de Negro y Papalín.

El Primer Barbero

El primer peluquero o barbero del pueblo fue el señor Loreto Reynoso quien vivía cerca de la casa de mis padres en la calle Primero de Marzo. Este señor ofrecía sus servicios en su casa y a domicilio, cobrando 25 cheles (25 centavos) a los hombres y 10 cheles (10 centavos) a los niños. Mi madre nos llevaba donde este peluquero a cortarnos el pelo, quien años más tarde se convirtió en abuelo de algunos de mis sobrinos.

Algunos comentaban que Loreto Reynoso solo tuvo un par de zapatos durante toda su vida. Decían que cuando él murió los zapatos quedaron prácticamente nuevos porque los compró cuando era un jovencito y a penas los usó 3 ó 4 veces para que no se les gastaran. Ese señor murió a la edad de 73 años, aproximadamente.

Para el año 1958 el señor Manuel Azcona instaló la primera barbería del pueblo y estaba ubicada al lado de la bodega de Negro y Papalín, a quienes ya hemos mencionado. Esta barbería contaba con un par de sillones para barberos y tenía espejos donde los clientes podían mirarse como les estaban cortando el cabello.

Más adelante se establecieron otras barberías más modernas y bien presentadas con varios sillones para barberos, entre las cuales estaba una conocida como: La Barbería de Eufemio la que estaba ubicada en la Avenida Duarte. En el año 1970 se estableció la segunda y más moderna barbería del pueblo propiedad de mi hermano Luís Ponceano, también ubicada en la avenida Duarte; después abrieron sus puertas las barberías de Virgilio y la de Roberto.

El Primer Fotógrafo

El primer fotógrafo del pueblo de Sabana Grande de Boyá fue Don Manuel Lorenzo, quien se dio a conocer entre sus allegados como Jose del Carmen o el popular "Colí". Originalmente para tomar las fotos utilizaba la cámara que consistía en una caja de madera de tamaño mediano con un lente fotográfico instalado en la parte frontal y una manga larga de tela roja en el otro extremo, con un pequeño trozo de hilo en el lateral derecho. Por esta manga el fotógrafo introducía el brazo a la caja para operar el lente de la cámara y luego halaba el hilo quedando fotografiada la imagen. Luego de este proceso Don Colí entraba a un cuarto oscuro para revelar los negativos y copiar la fotografía mezclando varios químicos que depositaba en bandejas construídas en madera.

En una ocasión tuve la oportunidad de que Colí me mostrara como era el proceso de revelado que hacía en su estudio "Fotos Colí". Para lograrlo él usaba un líquido químico en el envase donde colocaba el negativo de la fotografía que había tomado, movía el negativo durante unos minutos y para el revelado luego sumergía el papel fotográfico en los químicos y ya estaba lista la foto. Todo el proceso ocurría dentro de un cuarto oscuro donde apenas había una bombilla de luz roja pequeña.

El estudio "Fotos Colí" fue único y se hizo muy famoso por ser el que cubría todos los recuerdos de los eventos importantes en el pueblo, estaba localizado frente al Parque Municipal Guarocuya, y su heredad quedo en manos de su hijo Frank, que se ha convertido en un artista del lente en la fotografía moderna de la época digital.

El Dispensario o Centro Sanitario

En el año 1954 se estableció el Dispensario Médico o Centro Sanitario en el pueblo de Sabana Grande de Boyá para dar servicios de primeros auxilios a sus residentes, el que durante varios años estuvo a cargo del popularmente conocido "José el Sanidad" o "el practicante", ubicado en la Avenida Duarte en el centro del pueblo. Los servicios aquí eran muy limitados ya que no contaba con equipos ni personal médico adecuado. Era más bien un centro de primeros auxilios médicos.

"José el Sanidad" también tenía la responsabilidad de recibir a las mujeres de vida alegre o prostitutas a quienes las autoridades obligaban visitar el centro semanalmente para recibir una vacuna preventiva con el propósito de evitar que los hombres que utilizaban sus servicios fueran contagiados con enfermedades de transmisión sexual.

Primer Centro Médico

El primer centro de salud y un poco más completo donde ya se ofrecía una variedad de servicios médicos para los residentes de Sabana Grande de Boyá estaba localizado en el Batey Enriquillo o Batey Verde, a 2 kilómetros de distancia del pueblo. Originalmente este centro médico se conocía como "El Dispensario Médico" porque no contaba con médicos permanentes ni los equipos necesarios, sino que algunos doctores viajaban desde Monte Plata dos días por semana para dar servicios.

Este centro luego fue complementado con equipos convirtiéndose en hospital para ofrecer servicios médicos completos y cubrir las necesidades de salud de los trabajadores de la caña por lo que, ante el auge de la población pronto fue necesario dotarlo de dos médicos permanentes (o residentes) siendo éstos el doctor Bolívar Pérez y el doctor Rafael O'neal quien años más tarde decidió establecer su propia clínica para ofrecer servicios privados de salud, la cual estaba ubicada en el centro del pueblo.

La Santa Misión

En el año 1955 llegó a Sabana Grande de Boyá un grupo de sacerdotes misioneros para la celebración de una actividad que se denominaba "La Santa Misión". La celebración fue de una semana de duración y la encabezaron varios sacerdotes. Debido a que el local de la iglesia era de madera y muy pequeño, la mayoría de las actividades como las misas, las confesiones, bautizos, confirmación, etc se desarrollaban en el patio.

Mi hermana Francisca Ponceano "Pancha" pertenecía al grupo de las "Hijas de María" y por esa razón todos los miembros de mi familia éramos asiduos y fieles visitantes de la iglesia católica en ese tiempo.

Cuando se desarrolló esta actividad yo apenas había cumplido los 8 años de edad pero, animado por la fé católica que me habían inculcado mis padres desde una edad muy temprana y para aprovechar la celebración, decidí acercarme a un sacerdote para "confesarme". A esa edad desconocía que debía confesarle mis "pecados" al sacerdote y cuando él me ordena hincarme obedecí, me ofrece su bendición y entonces me pide que empiece a decirle mis "pecados"; al no saber qué decirle me quedé callado. El insistió por tercera vez que le enumerara mis "pecados" y yo seguía en silencio sin saber que contestar.

Aquel sacerdote se molestó tanto conmigo que se paró de su caseta donde estaba sentado y al salir tan enojado le cayó la silla en sus pies. Ese acto me hizo sentir avergonzado ante tanta gente que allí estaba. Mayor fue mi frustración cuando ví a mi hermana Altagracia Ponceano "Tatá" burlándose de mí diciéndome que no sabía confesarme y que iba a tumbar al sacerdote porque le hice caer la silla en los pies. Aquí si fue de verdad que literalmente "saqué al sacerdote de su casilla"

Feria de la Paz y Confraternidad del Mundo Libre

Para el año 1955 todavía no existía teatro o cine alguno en el pueblo de Sabana Grande de Boyá; sin embargo, el señor Gabriel Urraca tenía una televisión (en blanco y negro por supuesto) en un amplio espacio vacío que tenía en su casa. Recuerdo que en ese mismo año hubo un evento artístico extraordinario que se celebró en la capital "Ciudad Trujillo" el cual fue presentado en lo que se conocía como el "Teatro Agua y Luz Angelita". Este era al aire libre y luego de la muerte del Presidente Rafael Leonidas Trujillo Molina le fue cambiado el nombre por "Teatro Agua y Luz". La misma fue organizada por el propio Presidente Trujillo y su hermano "Petán" para diversión de su familia y allegados donde se presentaron varios artistas internacionales de la época y cuyo evento fue transmitido por televisión. Esta actividad artística fue conocida como "La Semana Aniversaria" de "La Feria de la Paz y Confraternidad del Mundo Libre".

Es debido a esa razón por la cual de ahí en adelante ese lugar donde estaba ubicado el "Teatro Agua y Luz Angelita" donde se llevó a cabo esa majestuosa presentación artística internacional, fue bautizado con el nombre de "La Feria", nombre que todavía muchas personas utilizan para referirse a ese lugar, también conocido como "Centro de los Héroes.

En vista de que para esa época muy pocas personas tenían una televisión en sus casas, el señor Gabriel Urraca aprovechó la ocasión para establecer un cobro de cinco cheles (cinco centavos) a todo aquel quien quisiera ver la presentación. Recuerdo que algunos niños del pueblo nos poníamos a "brechar" por las hendijas tratando de ver algo, lo que nos permitió hacer turnos para ver lo que pudiéramos a través del "brecheo".

El Teatro María

A partir de este acontecimiento surgió la idea del señor Gabriel Urraca para establecer el primer teatro del pueblo (El Teatro "María"), para el que usaba una planta que funcionaba con gasolina para la proyección de las películas lo que, a partir del 1962 en adelante se convertiría en el centro de diversión más popular e importante para niños y adultos en Sabana Grande de Boyá, donde muchos tuvimos la oportunidad de disfrutar de varias películas de "Cantinflas", "Santo el Enmascarado de Plata", "Los Vaqueros del Oeste", entre muchas otras. (Esta información fue corroborada por una hija del señor Gabriel Urraca, la señora Migdalia Urraca).

Recuerdo que los jóvenes del pueblo esperábamos ansiosos los domingos para ir a divertirnos con aquellos famosos "Matinés" cuyo precio era de diez centavos y si era un doble el precio era de 15 centavos, mientras que las películas de la tanda para adultos por la noche tenían un precio de 25 centavos.

Una anécdota que recuerdo sobre el cine es que, el padre de doña María la esposa de Gabriel Urraca era un señor bien avanzado en edad y en ocasiones los domingos para la hora del matiné lo colocaban en la entrada del cine para ir recibiendo las taquillas de entrada que debía presentar cada persona. Al recibir las taquillas el señor las iba acumulando en sus manos por lo que, algunos jóvenes aprovechaban para sacar taquillas suavemente de las manos de este señor para colarse en el cine sin tener que pagar. En ocasiones el señor parecía estar seguro que tenía taquillas entre sus dedos pero al no sentirlas, entonces se miraba y frotaba sus dedos como queriendo decir: "Me atrevía a jurar que tenía una taquilla en esta mano".

Es oportuno señalar que el "Teatro María" no solamente fue el centro de diversión más sano e importante en la historia del pueblo de Sabana Grande de Boyá, sino que sirvió como medio para transmitir conocimientos ya que el cine, además de arte también es cultura. El "Teatro María" nos dio la oportunidad de empezar a ver, conocer y saber que existía otro mundo diferente a lo que estábamos acostumbrados a vivir los campesinos, quienes no teníamos la oportunidad de viajar y descubrir muchas de las maravillas que encierra el mundo del entretenimiento.

Cuartel de la Guardia

Originalmente no existía un cuartel de policía en Sabana Grande de Boyá. En el local donde está actualmente el cuerpo policial del pueblo funcionaba un cuartel de la guardia; bajo este cuerpo armado estaba depositada la autoridad para protección de la pobalción.

Fue aproximadamente para el año 1962 ó 1963 cuando se estableció por primera vez el cuartel de la policía en el pueblo, por lo que fue necesario trasladar el cuerpo de la guardia para un local que estaba ubicado en la avenida Duarte a la entrada del pueblo el cual, después del año 1967 fue trastalado para la capital u otro lugar.

El Primer Zapatero

El primer zapatero en Sabana fue el que era conocido como "Tan Tan" quien tenía su zapatería en la Calle Enriquillo próximo al Colmado de Don Lelo. Más tarde surgieron otros que compartieron el mismo oficio entre ellos Anisete Reyes (quien también se convirtió en un prominente tocador de atabales), Don Tilo y Nicolás (Colás).

La Fonda de Amada

En el pueblo solamente existía un lugar donde la gente podía ordenar comida caliente para sentarse a comer. Se trataba de la reconocida "Fonda de Amada", propiedad de la señora Amada Jiménez y estaba ubicada estratégicamente frente a la bomba de gasolina y la bodega de Negro y Papalín. Esta fonda se mantuvo operando quizás hasta los años 1985 ó 1988 pero en una nueva ubicación frente al colmado de Don Daniel que hacía esquina con la Avenida Duarte y la Calle Enriquillo.

Primera Farmacia

La primera farmacia que se estableció en el pueblo fue la "Farmacia Miriam" propiedad del doctor Domínguez; esta farmacia aún sigue ofreciendo servicios en la avenida Duarte casi al frente donde estaba la barbería de Eufemio, pero bajo otras administraciones que la fueron adquiriendo por varios años. Para entonces, el establecimiento no contaba con gran surtido de medicamentos, ya que los recursos eran limitados y al parecer las personas no necesitaban tantos diferentes medicamentos como ocurre hoy día. Además, anteriormente las personas preferían recurrir con mayor frecuencia a los "remedios caseros".

Lagunas del Pueblo

Detrás del cafetal de "Samué" existían dos grandes lagunas, una superaba la otra en tamaño, donde se encontraba una gran cantidad de Tortugas o "jicoteas" que las personas pescaban para comérselas. Esas lagunas eran también habitat para una extensa cantidad de sanguijuelas. A medida que el pueblo continuó expandiéndose las aguas de dichas lagunas empezaron a secarse y a reducir sus dimensiones.

En el período de gobierno 1974 a 1978 las autoridades ordenarían la construcción de los locales donde se alojaría la escuela para la educación primaria e intermedia del pueblo, exactamente en los terrenos donde estaban las lagunas. Puesto que habían pasado ya varios años las lagunas fueron secando sus aguas y solamente fue necesario emparejar los terrenos mediante rellenos con materiales de piedra y gravilla.

Mis Vacaciones en Mata Seco

A la edad de 8 años mi madre me llevó a pasarme un corto periodo de vacaciones en casa de mi hermana Francisca Ponceano (Pancha) y su esposo Heriberto Quezada quienes vivian en Mata Seco, sección Cabeza de Toro, donde pasé poco tiempo. Recuerdo que mientras mi madre me llevaba iba muy contento en el camino pero cuando ella se iba y me dejó, sentí una profunda tristeza y derramaba lágrimas de manera inconsolable mientras la veía perderse en la lejanía del camino, cruzando un potrero (como le llamaban al lugar donde llevaban los bueyes a descansar durante el tiempo que no era zafra). Mi madre le temía bastante a los bueyes; sin embargo, era una mujer fuerte que desafiaba sus miedos y estaba siempre dispuesta a enfrentar cualquier reto.

Educación y Trabajo

Aconteció que para el año 1956, luego de haber aprobado el 4to. curso de la primaria en Sabana Grande de Boyá, durante el período de vacaciones escolares y por razones que nunca supe ni entendí, ya les hablé de la separación de mis padres, por lo que tuve que irme a vivir sólo con mi padre a Cojobal donde permanecí por un período aproximado de dos años y allí empecé a asistir al 5to. Curso de primaria, donde pasé de grado con notas sobresalientes ya que la mayor parte de los exámenes estaba basada en el contenido de un pequeño libro que se nos había suministrado a todos los estudiantes y cuyos temas me interesaron tanto que leí este librito 4 ó 5 veces hasta aprender de memoria casi todo su contenido.

Debido al desacuerdo que surgió entre mis padres, mis hermanas Petronila (Bola) y Primitiva Ponceano (Clemencia) también se vieron forzadas a ir a vivir a Cojobal pero fueron alojadas en la vivienda de la maestra "Doña Carmen", donde tendrían como responsabilidad los quehaceres domésticos de la casa para ganarse la comida.

Siembra de Caña

A pesar de mi corta edad con apenas 10 años y ya con el Quinto Curso de primaria aprobado, fue entonces cuando decidí incorporarme a una brigada de hombres para integrarme a la tarea de siembra de caña y regar abono al sembradío, con el propósito de ganar un dinerito para comprar mi primer par de zapatos. A esa edad, nunca había tenido la oportunidad de usar zapatos, siempre asistí descalzo a la escuela hasta que años más tarde ingresé al sexto curso.

Puesto que me pasaba los días completamente solo en la casa le pedí a mi padre que hablara con un amigo suyo, cuyo nombre recuerdo era "Andresito" y quien era el capataz de una brigada de hombres que se dedicaban a la siembra de caña y regar abono a las plantaciones, porque sentía la necesidad de empezar a trabajar.

El pago por esas labores era de $0.60 centavos por día. No sé por qué se me ocurrió comprar un pequeño cuaderno que costó cinco centavos, para anotar las horas trabajadas durante cada día de trabajo. Al final de cada jornada diaria siempre le preguntaba al capataz cuantas horas habíamos trabajado. Según él casi nunca le trabajé un día completo aunque empezábamos a las 7 de la mañana y terminábamos a las 4 de la tarde, pues al preguntarle cuántas horas habíamos trabajado "hoy" él decía: "1/4 de día; 1/2 día; ó 3/4 de día" y eso era lo que anotaba en mi cuadernito.

Mi Cuadernito

Era necesario que cada quien saliera bien desayunado de casa porque el trabajo era bastante pesado y agotador, durante el día teníamos la oportunidad de comer algún yaniqueque o domplín que uno de los trabajadores llevaba para venderlos "o fiarlos" a los demás hasta el día de pago. En muchos lugares no aparecía agua para tomar, por lo que para saciar la sed teníamos que beber la que se acumulaba en las huellas dejadas por los bueyes o caballos en el suelo durante la lluvia.

A esa necesidad se unía el alto grado de contaminación que dejaban los animales en sus pisadas, pero no era motivo de preocupación para nosotros porque se trataba de resistir todo cuanto fuera necesario para cumplir con la tarea laboral.

Al final del período de trabajo, cuya duración no recuerdo con precisión, quizás sería alrededor de un mes o más, revisé mis anotaciones y había ganado RD$9.60 (nueve pesos con sesenta centavos) durante todo ese tiempo.

Esperé con ansias el sábado de pago y me preparé desde temprano para ver al capataz junto a experimentados hombres de trabajo. A su llegada hubo un frívolo saludo colectivo, comenzó a entregar unos sobres amarillos pequeños con nombres hasta llegar al mío, el que abrí poniéndome de espaldas a mis compañeros.

Pedro Ponceano Sembrando caña

Luego de trabajar durante todo ese tiempo el capataz solamente me pagó $3.00 pesos con unos centavos porque, según él, eso era lo que yo había ganado, a pesar de que mis cuentas indicaban haber ganado más de $9.00 pesos de acuerdo a la información que él mismo me proporcionaba al final de cada día de trabajo. Esa situación me disgustó bastante por lo que le pedí a mi papá que le hiciera el reclamo al capataz. Tremenda sorpresa me llevé cuando lo que recibí como respuesta fue el enojo de mi papá diciéndome: "carajo, no tengo que reclamar na' porque ese e'jun hombre muy serio y no te va a engañar". Aunque traté de enseñarle mis anotaciones para convencer a mi papá no fue suficiente porque él me argumentó que fue que yo anoté mal las cuentas. Ese mismo día decidí abandonar la actividad debido al vil engaño de aquel hombre que se aprovechó de mi inocencia y para colmo, mi papá le dio la razón.

Ese incidente sembró la desconfianza en mi mente sobre aquel "hombre serio" que se aprovechó de la inocencia e impotencia de un niño indefenso para arrebatarle y adueñarse de lo que con tanto sudor, esfuerzo y sacrificio había ganado. Debido a esa amarga experiencia decidí dedicarme a otras labores como: a) cargar agua de la llave pública para una vecina quien me pagaba 2 cheles (2 centavos) por cada lata, b) limpiar zapatos y c) vender pan de frutas en las calles. Con el dinerito que gané cargando agua la misma señora compró tela y me confeccionó una camisa azul de cuadritos.

El dinerito que ganaba en la actividad de limpia botas cobrando de 3 a 5 centavos lo utilizaba para comer en la calle porque vivía sólo con mi padre y él se pasaba todos los días en su conuco y regresaba por las noches cuando yo estaba dormido. Mis comidas favoritas en la calle eran: Yaniqueques, "salchichón Cami" y chocolate en tabletas. Por las noches cocinaba víveres para guardarle cena a mi papá. Aveces sentía pena de él por su estilo de vida y de vez en cuando compraba un arenque que costaba cinco cheles (cinco centavos) para acompañarle los víveres, ya que la mayoría de las veces se los comía sin nada. En otras ocasiones compraba 2 libras de huezos de res en la carnicería (a precio de 5 centavos la libra) para hacer un "asopao", el cual normalmente cocinaba sin condimentos porque, a mi corta edad no sabía nada de cocina sino lo básico ante la necesidad de sobrevivir.

En los meses finales del año 1957 mis padres deciden que debo empacar mis pocas pertenencias para regresar a vivir a la casa materna en Sabana Grande de Boyá junto a mis hermanos, con la esperanza de iniciar los estudios del Sexto Curso.

Programa de Educación para Adultos

Con la intención de que todo adulto analfabeto aprendiera a leer y escribir, para el año 1957 "El Jefe" ordenó llevar a cabo un programa para la educación de adultos analfabetos en el pueblo de Sabana en el cual solamente participaban personas voluntarias como maestros. A cada alumno se le suministraba de manera gratuita un pequeño librito con dibujos al cual le llamaban "Cartilla de Educación para Adultos", en el que mi madre Luisa Alcántara Santos de Ponceano participó como alumna en ese programa, a quien yo siempre acompañaba todas las noches.

Al parecer se trató de un programa piloto y funcionaba por las noches en el local del "Partido Dominicano" que estaba ubicado en la Avenida Duarte. Para ese tiempo el pueblo de Sabana aun no contaba con el servicio eléctrico ni el de agua potable, por lo que tenían que utilizar velas, lámparas de gas o linternas para el alumbrado mientras estudiaban. Es oportuno mencionar que algunos adultos aprendieron a escribir sus nombres y a firmar.

Local de lo que fue el Partido Dominicano

El Hijo de la Friturera

En vista de que para el año 1958 todavía en el pueblo el nivel de educación más alto era el 5to. grado, durante este tiempo me incorporé a trabajar en un pequeño negocio que tenía mi madre, el cual consistía en una mesa frente a su casa para vender frituras, localizado en la Avenida Duarte, justo en frente donde vivía el señor Salvador Ponciano (quien a pesar de llevar el mismo apellido no somos familia). Mi oficio era vender "Fritos y Chicharrones" con una bandeja en la cabeza por las calles del pueblo, labor que hacía con entusiasmo, pues aun siendo un niño tenía la obligación de ayudar a mi madre.

De esa manera me convertí en el popular "Hijo de la Friturera". Poco después mi mamá logró conseguir un puesto en el mercado municipal para continuar su negocio de frituras.

Fiestas Patronales

Algunos munícipes creen que desde que se construyó el local moderno de la iglesia católica, cuya patrona es la Virgen de la Candelaria, el pueblo empezó la celebración de las Fiestas Patronales. Sin embargo, la señora Petronila Alcántara "Doña Nunú" (hija de Alberto Alcántara) afirma que la celebración empezó en el invierno de 1942.

Este evento que se celebra el día 2 de febrero de cada año y empieza con las "Novenas" (9 días antes, es decir el 24 de enero), incluye un programa de actividades sociales y culturales como el palo encebao, baile de aros, corridas en sacos, burros, caballos, motores, bicicletas, peleas de gallos, conferencias, fiestas de atabales y populares, etc.

Esta es una tradición que todavía se conserva en el municipio aunque ya con un toque más moderno puesto que las cosas han cambiado, sobre todo en cuanto al uso de instrumentos musicales, el tipo de música y la variedad de actividades.

Originalmente consistía en una fiesta pagana a ritmo de "atabales" y cada año se elegía (y todavía es así) un comité organizador entre miembros prominentes de la comunidad que es el encargado de la coordinación y desarrollo de los eventos que se desarrollarán durante las celebraciones patronales.

Los Atabales y Marimba

Los atabales o "palos" consisten en unos tambores construidos de un trozo de madera con forma cilíndrica huecos en su interior de aproximadamente 3 ½ a 4 pies de largo por 1 pie de diámetro; en el extremo superior se cubrían con cuero de chivo bien atado el cual al ser golpeado con las manos abiertas producía un sonido rítmico de música parecido al de la "tambora".

La "marimba" consistía en una caja grande de madera cerrada por todos sus lados con un orificio de 5 a 6 pulgadas en forma de arco en la parte frontal donde, sobre una fina base también de madera, se le fijaban unas pequeñas lengüetas o clavijas de un metal flexible de 4 a 5 pulgadas de largo por 1½ pulgada de ancho que al presionarlas suavemente hacia dentro y soltarlas de manera rápida producía un sonido profundo de un tono bajo.

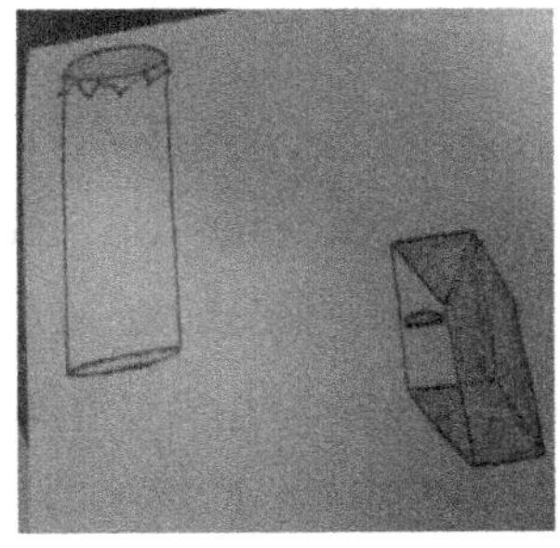

Atabal y Marimba

La combinación de sonidos de estos únicos dos rústicos instrumentos era suficiente para producir un ritmo musical contagioso que encendía los ánimos, despertaba el deseo de poner el cuerpo en movimiento e invitaba a las personas a bailar en parejas. Mientras tocaban sus instrumentos los músicos se encargaban de entonar cantos alegóricos de contenido social, eventos ocurridos o alabanzas a un determinado santo, cuya inspiración era animada y obtenida ingiriendo ron "a pico de botella" pasándosela del uno al otro.

Este evento originalmente se celebraba en un espacio frente a donde está hoy el edificio de la Cooperativa La Candelaria; allí se construía una enramada provisional para la reunión de la novena cada noche con un espíritu sociable lleno de entusiasmo y listos todos para disfrutar en grande la celebración de las "Fiestas Patronales".

El día 2 de febrero de cada año era (y todavía es) la celebración final, en la cual se efectuan eventos muy divertidos, entre los que más se destacaba el famoso "palo encebao". Para esto se colocaba un palo de buen grosor y de altura aproximada a los 10 a 12 pies bien afirmado en la tierra de manera segura, el cual cubrían completamente con una grasa espesa y en el extremo superior del poste le amarraban 1 litro de ron y un billete de 5 pesos para que alguna persona se animara e intentara subir hasta el extremo del palo para alcanzar el premio.

La persona que siempre se arriesgaba a tomar este reto era un joven llamado Civinio quien, después de intentarlo más de cinco o seis veces lograba finalmente alcanzar el codiciado premio, sin importarle terminar más engrasado que el mismo palo, pero aun así lo gozaba bastante porque, además de llevarse el codiciado premio, también disfrutaba la ovación del público que se conglomeraba para precenciar el evento.

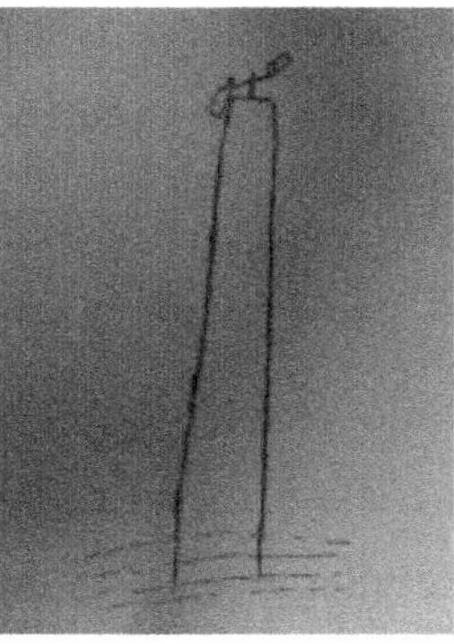

Palo Encebao con Botella de Ron y Papeleta de $5.00

Creación Oficial del 6to. Grado

Aproximadamente para el año 1959 es cuando se crea oficialmente el Sexto Grado de la educación primaria, el nivel más alto en Sabana Grande de Boyá para ese tiempo. La escuela para este nivel de educación empezó a funcionar en una casa que cedió el señor Alberto Alcántara Sánchez, cuyo patio colindaba con el cafetal de su propiedad y detrás jugábamos pelota durante el recreo. La casa estaba ubicada justamente al lado de la vivienda del señor Cleto Reyna y su esposa Petronila Alcántara "Nunú" en la carretera hacia Taranas de Gonzalo. La profesora Rosario Rojas Contreras, quien vivía en Monte Plata, fue la maestra encargada de impartir las clases para ese grado.

Algunos padres que tenían ciertas posibilidades económicas enviaban sus hijos a Monte Plata para continuar sus estudios intermedios (7mo. y 8vo.) entre los que se encontraban Francisco 'Pancho' Varela, Heriberto Hernández y Cleto Reyna.

Debido a que yo no tenía idea que necesitaría las notas del Quinto Grado que aprobé en la escuela de Cojobal, para inscribirme en el Sexto mi madre perdió un valioso tiempo buscando esas notas, lo que retrazó mi inscripción por casi un mes. Aun así me inscribieron y empecé a asistir regularmente a la escuela.

Un Caso Insólito

En el transcurso del año escolar mientras asistía regularmente al sexto curso, una muy mala y desagradable noticia interrumpió mi desempeño escolar. Aconteció que las autoridades de educación decidieron cambiar el director de dicha escuela y al nuevo incumbente, conocido como el profesor Cárdenas, no sé como ni por qué se le ocurrió que yo no debía estar cursando el Sexto Grado y ordenó que se me bajara de inmediato al Cuarto Curso que ya había aprobado en esa misma escuela, ni siquiera al 5to. curso que ya también había aprobado. Sin embargo, la maestra Rosario no salía del asombro ante aquella decisión del nuevo director sin ofrecer ninguna explicación ni justificación, pero tenía que acatar la orden.

Decepcionado, confundido, humillado y abrumado por la vergüenza le conté a mi madre y quise negarme a aceptar lo ocurrido pero, no me quedó otro camino que regresar al Cuarto Grado porque mi madre me obligó a regresar bajo el razonamiento de que: "Los maestros son los que saben". Mientras estoy asistiendo al 4to. curso, como por obra de Dios cambian nuevamente el director de la escuela.

Pienso que quizás la maestra Rosario al parecer preocupada por tal acontecimiento le comentó al nuevo director la situación y al éste indagar sobre los hechos y no encontrar una explicación satisfactoria ni razones bien fundamentadas para tal decisión, ordenó que yo volviera de inmediato a asistir nuevamente al 6to. curso que originalmente me correspondía.

Nunca entendí ni supe la razón por la cual se dio esa situación tan inusual, ya que en aquellos tiempos los niños no teníamos el mínimo derecho de cuestionar las decisiones de los adultos. Transcurrido el tiempo olvidé lo que había pasado y nunca se me ocurrió averiguar las causas que dieron lugar a toda esta situación de locura. El resultado de todo esto fue que, debido a la inestabilidad que enfrenté, al final de ese año escolar reprobé el Sexto Curso.

Traslado a Rincón Claro

En el periodo de vacaciones de ese año 1960 mi madre decide enviarme a trabajar donde un compadre de mi hermana Francisca Ponceano "Pancha" quien vivía en el paraje de Rincón Claro. Allí empecé a laborar como dependiente en un colmado y recibía un salario de $3.00 por mes, lo que alivió un poco la situación de miseria y pobreza que nos rodeaba ya que ese dinerito que ganaba era todo para mi madre.

En el año 1960 comenzó el alumbrado eléctrico para toda la comunidad de Sabana Grande de Boyá, bajo la administración del Encargado de Distrito Víctor Fourment Uribe, quien permaneció en el cargo desde el 23 de marzo de 1960 al 13 de enero de 1961.

A menos de un año de estar yo en aquel lugar, el 30 de mayo de 1961 sorprende la noticia al mundo de que habían asesinado al "Jefe" el Presidente y Dictador Rafael Leonidas Trujillo Molina. Tres meses después de ese acontecimiento regresé a vivir a casa de mi madre en Sabana Grande de Boya.

Los vecinos y personas quienes me conocían hablaban bien de mí porque veían que era serio y muy responsable a pesar de mi corta edad, lo que ayudó a que al cabo de un mes después recibiera yo otra oferta de trabajo para laborar con el señor Heriberto Hernández como dependiente en su colmado en el Batey San Antonio. En este negocio la situación era diferente y por la experiencia adquirida en el anterior, me ofrecieron un salario de $6.00 pesos al mes, oferta que mi madre me pidió no rechazar.

En ese colmado mi permanencia no fue duradera y voluntariamente renuncié y decidí ir a vivir a una casita más modesta que mi madre había logrado comprar en el centro del pueblo, específicamente en la Avenida Duarte muy cerca del cuartel de la policía. Para esos años la situación en el país era muy inestable luego de la muerte de "El Jefe", por lo que se instauraron varios gobiernos efímeros y esto generó una inestabilidad política de grandes dimensiones y mucha confusión donde la República Dominicana parecía ir sin rumbo, ya que muy pocos dominicanos estaban conscientes de lo que significaba la política para esa época.

Esta inestabilidad socio-política propició el surgimiento de varias agrupaciones políticas, siendo la "Unión Cívica Nacional" bajo la dirección de Viriato Fiallo, el movimiento que alcanzó mayor popularidad, debido tal vez a la ignorancia y los momentos de confusión que vivía el país. Salió a la luz pública el 17 de junio de 1962 como un movimiento político con la finalidad de sacar del poder a toda la familia Trujillo y terminar con el "Trujillato" en el país.

Papeleticas como Moneda de Cambio

Como consecuencia de la situación caótica imperante se instauró el gobierno del "Triunvirato", generándose una crisis monetaria de grandes proporciones donde desaparecieron todas las monedas de cambio legal en el país y se atribuía a que la familia Trujillo había recogido todo el circulante en metal (fabricadas en plata) para llevárselos fuera del país. Lo mismo se decía de las reservas en oro que estaban depositadas en el Banco Central (esta información no está apoyada en ningún dato estadístico o documento histórico).

Como forma de resolver el grave problema de escasez de monedas, el gobierno del Triunvirato decidió acuñar y poner en circulación un sistema de cambio provisional impreso en papel, las llamadas "papeleticas" en denominaciones de $0.10, $0.25 y $0.50, algo que en principio los dominicanos se negaban aceptar por la mala calidad del material, ya que se deterioraban con facilidad. En vista de que no existía otro medio de cambio, posteriormente fue aceptado su uso normal.

Los días seguían pasando y nuestra situación económica, al igual que la de muchas otras familias, no mejoraba por lo que decidí junto a mi hermano Joaquín (Negro) irnos al paraje Rincón Claro a donde nuestra hermana Francisca (Pancha) para dedicarnos a tumbar árboles para quemarlos en un horno y vender el carbón. Así pensábamos conseguir un dinerito. Además, el esposo de Pancha (Heriberto Quezada) nos facilitó una pequeña porción de terreno y semillas de tabaco para que nos iniciáramos en la agricultura.

Todo marchaba bien, el horno estaba en proceso de producción del carbón que esperábamos y se empezaban a ver los primeros retoños de las plantas de tabaco, hasta que una mañana de julio, Negro y yo decidimos abandonar todo y regresarnos a casa de mi madre en Sabana Grande de Boyá. El remanente del desequilibrio que vivía el país para esos tiempos tenía confundido a todos los residentes, especialmente a la juventud, quienes no contaban con más opciones que dedicarse a trabajar en lo que apareciera, o quienes podían, trasladarse a estudiar en las pocas escuelas que existían a la distancia como en Monte Plata por ejemplo.

Mi Trabajo en Obras Públicas

A comienzos del año 1962 mi hermano Luís, quien para ese tiempo pertenecía al cuerpo de la guardia y había logrado ser trasladado al pueblo de Sabana, gestionó con el señor Prieto Carrera, quien era capataz de una brigada de jornaleros en obras públicas y logró colocarme en su brigada para trabajar tapando hoyos con un pico y una pala en las carreteras que daban acceso al pueblo de Sabana. El salario era de $17.50 por quincena, de los cuales debía darle 5 pesos al capataz cada vez que cobrara como condición para mantener el empleo. Las dos primeras quincenas le dí los 5 pesos acordado y en la tercera ya no le dí nada por considerar que no era justo. Hasta ahí llegó mi empleo con el señor Prieto.

Estando la zafra de 1962 en sus mejores tiempos y aun siendo el señor Salvador Saviñón Nivar el Encargado de Distrito, logré irme al Batey Gonzalo como ayudante de tractor con mi hermano Antonio Ponceano (Toño) cargando caña. Allí aprendí a manejar y limpiar esas pesadas máquinas. En esta actividad no permanecí por mucho tiempo ya que el operador oficial del tractor, el señor Sánchez, tenía otro plan que era colocar a un cuñado suyo como ayudante.

Siembra de Yerba en los Potreros

El periodo comprendido entre finales de 1961 a comienzos de 1963 fue uno de los más difíciles que recuerdo haber enfrentado en términos económicos, ya que la situación del país se tornaba cada vez más crítica. Debido a la escasez de dinero y ante la desesperación, decidí ponerme en contacto con el encargado de un proyecto, el señor Memén, para la siembra de yerba para alimentar los bueyes en los potreros de la finca durante el "tiempo muerto" que era el período desde cuando terminaba la "zafra" o corte de caña hasta cuando volvía el tiempo de "zafra"

El señor Memén me concedió un contrato por valor de $3,000.00 (tres mil pesos) para la siembra de yerba en un potrero que estaba ubicado en "La "U" poco antes de la entrada del pueblo, frente a donde más tarde fue construido uno de los depósitos de agua para el acueducto. El predio de terreno bajo dicho contrato tenía una extensa dimensión, lo cual en principio pensé podía cumplir solo por mi cuenta pero, al ser una extensión tan grande a los pocos días me dí cuenta que no me sería posible completar esta enorme tarea, por lo que contraté al señor Heriberto Quezada quien trabajó solamente dos días, sin lograr mucho rendimiento comparado con lo extenso del predio y debido a la incomodidad del área por ser terrenos mayormente cubiertos de rocas y arena.

El rendimiento se hacía tan lento porque era un proceso bastante tedioso y hasta complicado porque, antes de empezar la siembra tenía que ir a otro lado a buscar la yerba que necesitaría sembrar; primero era necesario arrancar la yerba, no cortarla porque se necesitaba que mantuviera su raíz, luego buscar un tractor (lo que también se conocía como "mosquito") que estuviera disponible con su operador para cargarla, cruzar por el centro del pueblo montado yo en la carreta para llevarla al destino final. Confieso que esto me llenaba de vergüenza sin poder evitar que algunos jóvenes me vieran en estas condiciones.

Durante el desarrollo de esta actividad, mi alimentación consistía en una pequeña "arepa" de maíz con escasos ingredientes que preparaba para desayunar y llevar como merienda durante el día. También llevaba un jarro para preparar un jugo de tomar cuyos ingredientes eran: un poco de azúcar morena que llevaba, naranjas agrias que recogía en el potrero y agua del río "La Savita" que cruzaba por los terrenos donde sembraba la yerba. Este sistema de alimentación produjo en mí cierto desequilibrio estomacal, al punto que fue necesario ir al médico en Batey Verde en varias ocasiones hasta recuperarme.

Después de intentarlo por varios dias vi que no sería posible cumplir el contrato para entregarlo a tiempo al señor Memén, por lo que sub-contraté al señor Amable Rojas "Mavito", (esposo de la Maestra Ramona) para completar lo que faltaba. Gracias a este señor me fue posible cumplir con el contrato y entregarlo terminado como había sido acordado.

Un trabajador de Ingeniería

El 27 de febrero de 1963 surge el primer gobierno elegido democráticamente en la República Dominicana luego de la muerte del "Jefe", presidido por el profesor Juan Emilio Bosch Gaviño, un cuentista, ensayista, novelista, narrador, historiador, educador y político dominicano. Con el surgimiento de este gobierno se generó en el país un dinámico movimiento económico y un auge en la expansión de oportunidades de empleo donde todo el que quería trabajar tenía la posibilidad de hacerlo.

Aprovechando esta situación de bonanza económica muy pronto pude obtener un empleo en el Departamento de Ingeniería en el Batey

Enriquillo o "Batey Verde", no precisamente por ser un ingeniero graduado en la universidad, sino porque a la fuerza me convertí en un ingeniero manejando una pala y un pico tapando hoyos en las carreteras por donde transitaban los camiones que transportaban la caña, la cual depositaban en "El Triple" donde, por medio de una grúa, eran descargados para pasarla al ferrocarril que la transportaría al Ingenio Rio Haina. Aquí ya tuve un salario quincenal mucho más atractivo y lo mejor de todo, no tenía la obligación de darle un peso a nadie para mantener este empleo.

En esta actividad permanecí solamente unos cuantos meses hasta que llegó la "Aplanadora" que consistió en un sistema establecido por el gobierno del Profesor Bosch para reducir el número de empleos en todos los lugares de trabajo donde fuera posible. El término "Aplanadora" se convirtió en algo que todos temían al escucharlo por la consecuencia de perder el empleo de manera inmediata y sin aviso previo.

A pesar de ser elegido para un mandato de cuatro años el gobierno del presidente Bosch solamente permaneció siete meses en el poder, tras ser derrocado por un golpe de estado que encabezó el general Elías Wessin y Wessin. Hay que destacar que el Profesor Juan Bosch fue el fundador del Partido Revolucionario Dominicano (PRD) en el año 1939 y el Partido de la Liberación Dominicana en el 1973.

Personajes Pintorescos

Como era habitual, en cada lugar siempre han existido pintorescos personajes que se dan a conocer popularmente por alguna razón; entre los que se destacaban en nuestro pueblo debido a alguna habilidad, comportamiento social, oficio u otro aspecto que pudiera identificarlo o darlo a conocer por sus hazañas podemos recordar los siguientes:

Pijín (quien tenía por ocupación "atesar batidores" de aquellas camas "colombinas" que se usaban en nuestros tiempos); Julián "El Rezador" (quien era el encargado de cubrir todos los eventos que tenían que ver con rezar en "Novenas", "Velorios", "Hora Santa", "Ultimas Noches", "Cabo de Año"), etc.; Cabo Largo (quien se destacó por ser el hombre "más temido" del pueblo a quien muchos temían por su "valentía" para dar "cachetadas y bofetadas" a otros hombres y quitarles las "mujeres" que los acompañaban en los cabarets. Esto lo hacía aprovechándose de su alta estatura, aunque un hombre de baja estatura le quitó la vida en un cabaret).

Otro pintoresco personaje era El Chivo (a quien el pueblo bautizó con este nombre por su estatura y su apariencia física); Betán (quien se autoconsideraba del "sexo opuesto" y era bien conocido en el pueblo por sus gestos, comportamiento, ademanes y manera de hablar. Betán prefería que le llamaran "Betania"); Yamba y Ramy (estos personajes tenían por oficio la "astrología" y transmitían su programa a través de la emisora Radio Boyá); Viterbo (este era un joven que mostraba un desequilibrio mental, por lo que muchas personas le llamaban "El Loco". Vivía con sus padres y hermanos al lado de la Iglesia Evangélica justo detrás de la casa de mi madre).

No podemos dejar de mencionar a María Peñaló, ("la curandera del pueblo"). Además estaba Gallina (aquel joven que mencioné antes cuyo oficio era adueñarse de lo ajeno).

También estaban: Miquimao (el que todo el pueblo esperaba impaciente para abastecerse de agua, ya que era el encargado de suministrar agua potable a los hogares a través de su camión o "pipote" como también le decían al vehículo propiedad del Ingenio Río Haina que transportaba el agua para su distribución); Manolo "El Platanero" (esperado cada semana por las amas de casas, ya que era quien suplía el abastecimiento de plátanos que traía en su camioncito para vender).

La Logia

Por los años 1962 ó 1963 aproximadamente, se creó una "Sociedad de Caballeros" en Sabana Grande de Boyá, con la finalidad de llevar a cabo actividades sociales con la participación exclusiva de sus miembros. Esta organización estaba integrada por un grupo muy selecto de residentes prominentes quienes, después de someterse a un estricto escrutinio sobre normas de moralidad y conducta, si pasaban la prueba, estaban listos para pasar a formar parte de esta sociedad, a la cual le llamaban "La Logia"; originalmente operaba en un local de la Avenida Duarte, al lado del colmado de Pancho Varela.

Una de las exigencias con la cual debía cumplir cada miembro de esta distinguida "Sociedad de Caballeros" era la obligación de participar en las reuniones periódicas que llevaba a cabo la organización. Aunque contaba con su propio local, cada miembro tenía que pagar una cuota mensual para cubrir gastos administrativos y de mantenimiento. Su local estaba ubicado en la calle La Candelaria.

Debido a los altos estándares de moral y conducta establecidos, se consideraba un verdadero y único privilegio ser socio de "La Logia", la cual era comparable o equivalente a la más alta sociedad que existía en el país: El "Club de Leones".

Dentro de sus actividades sociales también organizaban fiestas a las cuales, en la mayoría de los casos, era exclusiva la participación de sus socios con sus respectivas esposas. Cuando contrataban uno de los mejores "combos o conjuntos musicales" de la época, como "Johnny Ventura" o "Fernandito Villalona, se permitía la participación a todos quienes quisieran y pudieran estar en condiciones de pagar la cuota de entrada.

"La Logia" contaba con una cantidad modesta de socios que le permitía mantener un estrecho círculo, el cual no estaba sujeto a cuestionamientos ni críticas por parte de los residentes ni de las autoridades del pueblo, por tratarse de una respetable sociedad.

Los Juegos de Pelota

El pueblo contaba con un espacio apropiado localizado en el centro donde los aficionados al béisbol (baseball) deleitaban a sus fanáticos con sus partidos de pelota entre equipos rivales que integraban "al azar" varios jóvenes y hombres de trabajo que se consideraban aptos y tenían habilidades para ese deporte.

El (Umpire) o "Ampaya" como se le llamaba a la persona encargada de decidir cada jugada durante el partido, era escogido también "al azar" tomando en cuenta que fuera alguien que tuviera algún conocimiento sobre las reglas del béisbol.

En vista de que la mayoría de los componentes de esos equipos eran personas que, de alguna manera estaban relacionadas con la actividad cañera, se acostumbraba concertar encuentros deportivos regionales entre diferentes pueblos y donde un grupo de jóvenes fanáticos nos trasladábamos junto a los equipos para impregnarle ánimo en los juegos. Algunos de los lugares que recuerdo haber acompañado nuestro equipo de béisbol fueron Villa Altagracia, Nizao y Boca Canasta en Baní, Los Llanos, Haina, y San Cristóbal.

Cuando se trataba de juegos regionales la selección del "ampaya" era diferente, ya que lo designaba la "Liga de Béisbol regional del país. Había un "ampaya" que se hizo muy conocido tras ser designado con frecuencia para dichos juegos en los que participaba el equipo de Sabana Grande de Boyá. Recuerdo que a este "ampaya" un grupo de fanáticos lo bautizamos con el nombre de "pan de maíz" por tratarse de un personaje "gordito".

Surge La Educación Intermedia

Aproximadamente para el año 1962 las autoridades escolares establecen el inicio de la educación intermedia (7mo. y 8vo. grados) en el pueblo de Sabana Grande de Boyá. Para entonces una parte de la juventud no parecía estar muy entusiasmada con la continuación de sus estudios porque en ese momento, la sociedad juvenil estaba marcádamente dividida en dos estratos sociales: los "ricos" y los "pobres", lo que temporalmente perjudicó la implementación del nuevo sistema escolar ya que algunos de los más privilegiados preferían ir a estudiar en Monte Plata.

Para la educación intermedia no existía un local apropiado por lo que, originalmente, de manera provisional y un periodo muy corto, fue necesario habilitar una vivienda familiar (me parece que era propiedad del señor Mario Brea) ubicada en la calle Monseñor de Meriño, que para entonces se conocía como "la calle de la clínica" debido a que esta casa estaba justo al lado del local de la "Clínica la Altagracia" propiedad del doctor Rafael O'neal, la que estuvo funcionando en el pueblo durante varias décadas.

Fue quizás para finales del 1963 o comienzos de 1964 cuando las autoridades de educación decidieron habilitar el local del "Partido Dominicano" para alojar los cursos de educación intermedia (7mo. y 8vo.) solamente. Se trata del edificio que era y todavía es el local del gobierno que está ubicado en la Avenida Duarte poco antes de la salida del pueblo y que alojaba el Partido Dominicano, el único "partido político" que existía en la época y era propiedad del Presidente Rafael Leonidas Trujillo Molina. Sin embargo, debido a la gran cantidad de niños en edad escolar, la educación primaria se desarrolló en "El Barracón" durante varios años.

División Social entre Jóvenes

Existía un grupo de jóvenes en el pueblo quienes se consideraban ricos y por tanto, mantenían una distancia y una burla constante sobre nosotros los pobres, tanto así que, varias de las muchachas se negaban a conversar con los "pobres". En esa ocasión llegué a pensar no haber tenido mucha suerte en el amor, lo que se debía precisamente al hecho de pertenecer al grupo de los pobres quienes teníamos que conformarnos con verlas pasar, ya que no nos consideraban merecedores ni siquiera de un simple saludo. Algunas de las muchachas que se creían muy bonitas se mostraban pretenciosas y se sentían tan orgullosas que preferían sus novios provenientes de Monte Plata porque en Sabana no había jóvenes que estuvieran al nivel de ellas para enamorarlas.

Incluso en el parque municipal era notoria la segregación social entre la juventud del pueblo, estando el lado del parque que daba frente a las oficinas del Ayuntamiento reservado para los jóvenes "más privilegiados" donde las muchachas iban a sentarse con sus novios, mientras que el otro lado del parque se mantenía casi siempre vacío porque, al parecer el otro grupo no teníamos mucho que ir a hacer allí.

La Banda Municipal de Música

Fue quizás para finales del año 1963 cuando se estableció la integración de la Banda Municipal de Música en el pueblo de Sabana Grande de Boyá bajo la dirección del maestro de música conocido por el sobrenombre de "El Sombrerero", cuyo nombre de pila no puedo recordar. Este señor provenía del paraje Cevicos, una región que pertenecía a Cotuí; él se auto nombraba así porque se especializaba en lavar, limpiar y reparar sombreros para hombres.

Los primeros integrantes y fundadores de la Banda Municipal de Música en el pueblo podemos recordar algunos nombres de músicos con los respectivos instrumentos que tocaban, entre quienes estaban:

Nombres de los Músicos Fundadores	Instrumento que Tocaba
Rafael Jiménez (Rafo) ---------------------------	Batuta
Sergio Ortíz (Inquín) -----------------------------	Trombón de vara
Víctor de la Rosa --------------------------------	Saxofón
Chichí (- - -- -- - - ----) ---------------------------	Trompeta
José Corcino Vázquez ---------------------------	Contra-Bajo
Elpidio (------------) ------------------------------	Barítono
Eladio Crisóstomo (Ladín) ---------------------	Clarinete
Clodomiro Guzmán (Cloro) --------------------	Platillos
Milciades Olivo ------------------------------------	Tambor
Angelito (- -- - - - - - -) ---------------------------	Redoblante
Un señor de 65+ años (no recuerdo su nombre)	Bajo

Años más tarde y en sustitución de algunos músicos salientes pasamos a formar parte de la Banda Municipal de Música nuevos integrantes entre quienes estábamos: Eduardo Guzmán, para tocar el saxofón; Héctor Guzmán, la trompeta; Luis Manuel Rosario, los platillos y Pedro Ponceano, el clarinete.

El reemplazo del director de música "El Sombrerero" se produjo en el año 1964 y fue sustituido por el maestro de música señor Félix Guzmán (Felito).

Ante la frustración y preocupación por la división de clase que existía entre la juventud del pueblo, me animé a buscar y encontrar la manera de integrarme con el propósito de conformar un nuevo grupo social neutral donde no existiera segregación de clase entre la juventud de Sabana Grande de Boyá. Es por esa razón que a mediados del año 1964, junto a mi amigo Luís Manuel Rosario (Luisito) empecé a estudiar en la Academia Municipal de Música con la esperanza de ser nombrado como músico y así obtener un trabajo decente.

Luego de varios meses de estudios y haber aprendido un poco de música y a tocar el "Clarinete", logré conseguir ser nombrado oficialmente en la Banda de Música con un sueldo de $15.00 pesos mensuales. De esos $15.00 pesos tenía el compromiso de darle $5.00 cada mes al Maestro Felito, como condición por haber sido nombrado. Claro que no se trataba de "macuteo" sino simplemente de "la cuota del Jefe" como era habitual en esos tiempos.

Conciertos en el Parque

Lo cierto es que el haberme integrado como miembro de la Banda Municipal de Música representó un salto social positivo extraordinario de avance ya que marcó un nuevo capítulo en mi vida al permitir elevar mi nivel social, pero sin caer en el error de integrarme a aquel grupo de jóvenes que se caracterizaba por mostrar una marcada indiferencia y una manera evidente de ignorar a los menos afortunados por pertenecer a familias de escasos recursos económicos, por lo que siempre mantuve la esperanza de que un día aparecería la oportunidad de poder encontrar la clave que me permitiría abrir aquel "pesado baul" que llevaban sobre sus hombros ese grupo de jóvenes ignorantes al creerse "superiores a los demás" y así poder liberarlos de esa tormentosa carga y terminar de una vez por todas con aquella triste realidad.

A partir de este importante hecho empecé a ser visto de manera diferente por aquel grupo que se consideraba "privilegiado". Las muchachas del pueblo ya permitían que me acercara a conversar con ellas y los varones también me permitían acercarme a ellos y hasta me invitaban a participar en las actividades que llevaban a cabo; pues me convertí en una figura importante que ya no había manera de pasar desapercibida al ser uno de los integrantes de la Banda Municipal de Música que se presentaba en el parque para ofrecer conciertos cada domingo a las 7 de la noche, lo que efectivamente constituía un privilegio que me llenaba de orgullo, al ver como tantos adultos, jóvenes y niños disfrutaban aquellos agradables momentos mientras se paseaban por todo alrededor del parque al ritmo de las marchas, merengues y otros géneros musicales que interpretábamos con nuestros instrumentos durante el concierto.

Un dato curioso es que, como la situación económica era precaria, los músicos teníamos la opción de "vender el cheque" del próximo mes con el propósito de recibir dos cheques juntos en un mes. Debo aclarar que eso no era exactamente un préstamo que hacía el Ayuntamiento con garantía del equivalente a un sueldo ya que, a partir de ese mes no había manera de recuperar el pago original de

$15.00 pesos porque el Ayuntamiento descontaba $2.00 mensuales y en vista de que necesitábamos continuar recibiendo el pago, ya quedábamos comprometidos a vender el cheque del próximo mes o hacer un "re-enganche" como también se conocía esa actividad.

El Parque Guarocuya

Alboradas en el Pueblo

En tiempos de navidad la banda de música también acostumbraba salir a tocar "alboradas" o "aguinaldos" por las calles del pueblo, lo que despertaba en los residentes el sentir del ánimo navideño alegrándoles el ambiente. Algunos dueños de colmados al despertarlos con la música que retumbaba a ritmo de nuestros instrumentos, se levantaban y nos obsequiaban una botella de ron Bermúdez "Palo Viejo", lo que era motivo de gran alegría para los músicos, motivándonos a continuar las celebraciones mientras bebíamos a "pico e' botella".

En una de esas navidades el Teniente de la Guardia se entusiasmó tanto con nosotros que, como "aguinaldo" nos obsequió un par de botellas de ron más $10.00 (diez pesos) en efectivo. Tanto se emocionó, que nos invitó a continuar la "alborada" en su finca cerca de Plaza Cacique, donde nos llevó en su vehículo y recibieron con un suculento sancocho de puerco.

En la finca ordenó a sus empleados matar un puerco para el sancocho y mientras esperábamos hambrientos nos proporcionó la oportunidad de participar en algunas actividades de diversión, facilitándonos cabalgar a caballo los que se animaran y también nos prestó su pistola y un rifle para quienes estuviéramos dispuestos a demostrar "puntería" mediante el "tiro al blanco". Al llegar mi turno tomé la pistola, pero tan grande fue mi impresión, pues nunca había tenido una cosa de esas en mis manos, que al disparar el tiro solo rozó una alta penca de la mata de palma que elegimos como objetivo para el "tiro al blanco".

Hasta ese punto todos disfrutábamos de un agradable ambiente colmado de alegría y diversión; sin embargo, de pronto pareció oscurecerse el panorama cuando aquella hermosa mañana de diciembre le toco el turno a mi amigo y compañero de música Luis Manuel Rosario "Luisito"; que al hacer su disparo con la pistola, el casquillo de la bala salió y lo golpeó en el pecho. Al ocurrir esto, soltó la pistola y cayó al suelo gritando: "Pito corre, ponme la mano en el corazón a ver si estoy vivo, porque me acabo de pegar un tiro". Confieso que me llené de pánico y únicamente atiné a pensar: "se suicidó Luisito y nos dañó el día".

Cuando corrí y abrí su camisa noté solamente una pequeña marca roja en su piel y al no ver sangre en su cuerpo le comenté: "sí, estás vivo gracias a Dios, parece que fue la pistola que te dió en el pecho". Luisito insistió replicando: "no, estoy seguro que fue un balazo"; al percatarse de lo ocurrido nuestro compañero de música José Corcino Vázquez nos explicó que cuando se dispara una pistola, el casquillo que contiene la bala es expulsado y sale con fuerza hacia atrás. Una vez aclarado el incidente retomamos la botella, seguimos bebiendo y disfrutando aquel maravilloso momento.

Concierto en Villa Mella

Como es bien sabido, el 24 de abril del año 1965 estalla un movimiento político revolucionario en la capital dominicana con el objetivo de reclamar el retorno a la constitucionalidad del gobierno en la República Dominicana, el cual provocó un enfrentamiento bélico entre las Fuerzas Armadas del país y el grupo conocido como "Los Constitucionalistas."

Como consecuencia de esa Revolución de Abril de 1965 se interrumpió la docencia a todos los niveles en el pueblo al igual en otras regiones del país, debido al sistema de inseguridad imperante en toda la República Dominicana a raiz del conflicto armado.

En el año 1965 mientras el país se encontraba inmerso en la guerra civil que se originó a raiz del derrocamiento del Gobierno Constitucional del Presidente Juan Bosch, el Gobierno de Reconstrucción encabezado por el General Elías Wessin y Wessin ordenó al maestro de música para que la Banda Municipal de Música de Sabana se presentara a Villa Mella, cerca de la capital, para ofrecer un concierto en el parque municipal de aquella pequeña ciudad.

Dada la situación de peligro a la cual podríamos estar expuestos, ninguno de los músicos mostró interés o disposición alguna para ir a cumplir con el mandato oficial; sin embargo, el maestro Felito lo único que nos advirtió fue que tenía instrucciones precisas de no aceptar ningún tipo de excusa, por lo que el que no quisiera ir tenía que asumir su responsabilidad y aceptar las consecuencias; el razonamiento del maestro de música fue lo suficientemente claro, preciso y convincente para que "voluntariamente" y de una manera "espontánea", todos los músicos aceptáramos con "gusto" aquella "cordial invitación".

Bares, Barras y Hoteles en el Pueblo

Llegó un tiempo en que era cada vez mayor la cantidad de jóvenes en el pueblo de Sabana, lo que dio lugar al establecimiento de nuevos negocios los cuales tenían el propósito de diversificar y satisfacer las necesidades de diversión de la población. Una gran variedad de actividades se sumó a las que ya existían entre bares, barras, cafeterias, otros negocios de comida y hoteles.

Los negocios más dinámicos por sus actividades relacionadas con bebidas alcohólicas podemos mencionar el bar "El Tenampa" que luego pasó a ser propiedad del señor Rodriguito bajo el nombre de "El Jovial"; el bar de Bienvenido Liranzo; bar "Los Coquitos" propiedad de Obdulio y Quica; barra de Puñungo; barra de Ramón "Caco e' Loza"; barra de Hipólito Delgado; barra de Lin; barra "La Muñeca", propiedad de una joven que era conocida por "La Muñeca", la cual luego cambió de dueña bajo el nombre de "La Buá", la que más tarde pasó a ser propiedad de la señora Victoria Fabian quien le cambió el nombre a "La Buasita" y desde entonces alcanzó gran popularidad, tanto así que me parece aun se mantiene en actividad.

También surgieron nuevas casas de citas, las que tenían disponibles mujeres de vida alegre o servidoras sexuales para aquellos hombres que deseaban satisfacer cualquier necesidad masculina relacionada con ese tipo de servicios, de las que recordamos "La Pinta"; "Consuelo"; "Tontón", entre otras. Estos pequeños negocios tenían sus limitaciones, ya que pocas veces tenían más de una o dos mujeres disponibles para sus clientes.

Este siempre ha sido un pueblo de amplio movimiento migratorio y sus visitantes se han acostumbrado al acomodamiento acogedor que proporcionó el dinamismo económico de los primeros años, con el surgimiento de pequeños hoteles como el Hotel La Fama de "Don Nico"; el Hotel "Antonia" y el Hotel "América"; este último ofrecía un servicio más completo porque también tenía comidas para ofrecer, tanto para sus huéspedes como para el público en general; también era considerado para ese tiempo como hotel de "primera clase" en el pueblo.

No podemos pasar por alto sin mencionar la "fonda de Filomena y Guribe", la cual alcanzó gran popularidad por la variedad de comidas que ofrecía y por estar además localizada en un punto muy estratégico en la Avenida Duarte, frente a la tienda "La Mariposa" del señor Salvador.

A esto debemos sumarle los puestos de fritura que ofrecían una variedad de comida "rápida", estando entre éstos el de la señora "Pifia", que fue durante muchos años el más popular, ya que se caracterizaba por su horario extendido hasta tempranas horas de la madrugada; el puesto de frituras de Doña Ramona y el puesto de "Los Puya Fritos". Este último estaba localizado exactamente al lado del Teatro María.

Otros colmados en distintos puntos del pueblo pronto se integraron a la actividad y abrieron sus puertas sumándose a los establecidos como el de "Don Lelo"; Colmado "Baní", colmado de "Lión"; "Casa la Unica", de Franciquito Hernandez; colmado de "Pancho Varela"; colmado de "Ninito Loma"; almacén "El Gran Poder de Dios", de Javier Alburquerque; almacén de Wilson; la tienda de "Farías" y tienda la "Mariposa".

Además, había negocios donde las amas de casas podían adquirir sus provisiones de frutas y "verduras" o vegetales llamados

"Ventorrillos", entre los que se distinguían el "ventorrillo" de "Antonio y Gisela", ubicado en la calle Enriquillo frente al Instituto; el "ventorrillo" de "Manuel" y el de "Santiago", ambos en la Avenida Duarte.

La Compraventa de Puñungo

El primer negocio de compra-venta que abrió sus puertas en el pueblo fue la de Carlos Alcántara "Puñungo" donde acudíamos cuando se nos presentaba una emergencia o necesidad de conseguir algo de dinero rápido y teníamos algún objeto de valor como un reloj, una cadena de oro, máquina de coser, televisión, radio, etc., el cual llevábamos a la compra-venta a "empeñarlo" por un valor inferior al precio del mercado.

Recuerdo que tenía un reloj chapado en oro, de los que vendían en "Intendencia" a los guardias en la capital. En ese lugar podían adquirir articulos cualquier persona civil, si tenía algún familiar o amigo a quien se le entregaba el dinero y lo compraba como para uso propio. El destino de este reloj era la compra-venta de Puñungo, ya que todas las semanas lo empeñaba para conseguir el dinerito que me permitiera comprar 1 ó 2 botellas de ron para el fin de semana.

Los Ebanistas del Pueblo

José Corcino Vázquez conocido como "José el Ebanista" se destacó por sus habilidades en la ebanistería para fabricar muebles, sillas, mecedoras, camas y mesas. Por su parte, Martín "El Ebanista" se caracterizaba por ser el único experto en la confección de cajas para muertos o ataudes, aunque también tenía gran habilidad en la fabricación de muebles de alta calidad.

Estábamos conscientes de que Martín "El Ebanista" no deseaba que nadie muriera en el pueblo, pero "quería que su negocio progresara". A propósito, este señor fue quien confeccionó el ataud para mi difunta madre; el señor Chichí "El Ebanista" también fue otro dedicado a ese arte, quien también fabricaba sillas, mesas, mecedoras y otros tipos de muebles para el hogar.

Las Incontrolables

Un hecho muy simpático que cautivó la atención de los residentes del pueblo por cierto tiempo fue el surgimiento de "Las Incontrolables", debido a las travesuras de un pequeño grupo integrado por 5 muchachas, quienes fueron bautizadas con ese nombre. Lo cierto es que, no era que estas jóvenes mostraban una conducta desordenada que afectaba a ningún grupo o persona en particular; es simplemente que se divertían bailando o "quemando" y tomando alcohol en compañía de cualquier forastero que llegara al pueblo en busca de aventuras divertidas, aunque de vez en cuando también se divertían con jóvenes del pueblo.

No hay constancia de alguna queja relacionada con ellas, o que hicieran daños o perjuicio personal contra una persona con sus travesuras. Era simplemente el comportamiento atrevido de un grupo de jóvenes que únicamente tenían la intención de divertirse, sin importar los comentarios ni críticas de los demás. Decían que solo buscaban divertirse y gozar la etapa de su juventud; en segundo lugar, no tenían el interés de faltarle respeto a nadie y en tercer lugar, sabían que con sus acciones no estaban perjudicando ni haciéndole daño a nadie.

Como muestra de que las travesuras de estas muchachas no sobrepasaron los límites, cada una de esas jóvenes contrajo matrimonio con hombres respetables y laboriosos, quienes no mostraron arrepentimiento de haberlas tomado como esposas.

Religión e Iglesias

Otra actividad que surgió para complementar las necesidades espirituales de la población fue la religión, estableciéndose varias iglesias: **1) La Iglesia Católica:** El local de la iglesia católica fue construido antes del año 1955 en un solar donado por el señor Alberto Alcántara, quien también aportó los materiales y los fondos necesarios para su edificación y mobiliario. **2) La Iglesia Evangélica:** La primera se ubicó en la calle Eugenio María de Hostos, cuyo patio colindaba con el de la casa de mi mamá.

Más adelante se incorporaron la iglesia de los Testigos de Jeová y la Iglesia Adventista del Séptimo Día; a esta última me integré en el año 1968 como estudiante de la Escuela Bíblica por casi seis meses, donde también participé junto al Pastor Melenciano Gómez en un programa radial cristiano que se transmitía los domingos en la mañana por la emisora Radio Boyá.

En ese mismo año, 1968 el Concilio Nacional Adventista celebró su Congregación Nacional Anual en el Estadio Quisqueya de Santo Domingo, donde hubo representación de todas las iglesias adventistas del país. El pastor me invitó a participar en dicha Convención para que me bautizara como miembro de la congregación; sin embargo, no fue posible debido a que, como le expliqué al pastor, aun no me sentía preparado para recibir el bautismo en ese momento.

Mi Certificado de Estudios Bíblicos

Los Propagandistas de Ron

Debido a la dinámica económica que se vivía en el pueblo para esos años, se desató una feroz competencia bastante reñida entre las compañías de bebidas alcohólicas, por lo que enviaban al pueblo un representante de cada compañía para ofrecer bebidas alcohólicas gratis a los consumidores regalándoles 1, 2 y hasta 3 botellas de ron a aquellas personas que mostraban preferencia por consumir las marcas de sus bebidas. Las principales compañías que patrocinaban estas "propagandas" eran: Brugal, Bermúdez y Siboney.

Al ser la Cervecería Nacional Dominicana la que producía la cerveza "Presidente", en el año 1964 se estableció una nueva compañía de cervezas bajo el nombre de "Cerveza Criolla". Esta también empezó a ofrecer bebidas gratis como propaganda a sus consumidores para hacerle competencia a la popular Presidente; el precio de una botella de esta última era 50 centavos solamente. Al parecer esta compañía no pudo mantener un número de consumidores suficientes para mantenerse en el mercado y poder desplazar la cerveza "Presidente", por lo que en poco tiempo desapareció.

Por Fin, Aprobé el Sexto Curso

Con la intención de recuperar el año escolar que en el año 1965 no fue posible continuar su desarrollo normal, en 1966 las autoridades de la Secretaría de Educación trataron de aprovechar el tiempo perdido por la guerra civil y emitieron una orden institucional instruyendo a los directores de enseñanza en todo el país para impartir exámenes extraordinarios para los cursos de término 6to. y 8vo., facilitando así a los estudiantes completar los ciclos de la educación primaria e intermedia y de esta manera se hizo posible la recuperación del año escolar a nivel nacional.

Cuando esto sucedió ya había cumplido mis 20 años de edad viviendo tiempos bastante difíciles, enfrentando adversidades económicas, la separación de mis padres, el caso que comenté me ocurrió mientras cursaba el 6to. grado, las labores tan pesadas que había tenido que realizar a muy temprana edad, los diferentes lugares donde me tocó vivir, etc.

A pesar de todas las vicisitudes por las cuales tuve que pasar, la mano de Dios siempre ha estado cerca de mí y me ha guiado por lo que, justo unas horas antes de empezar dichas pruebas recibí la información por mi primo Pedro Mejía quien iba camino a la escuela para tomar los exámenes del 8vo. curso y me preguntó si no iba a tomar los exámenes; al no tener información al respecto, él me explicó la situación y me sugirió que si me sentía preparado podía hablar con el director de la escuela, que para ese tiempo era el profesor Eladio Ducoudray y con la profesora Ana Virginia Reynoso "Doña Negra" quien era la profesora del 6to. curso. Fue así como me enteré de la disposición de la Secretaría de Educación.

Al recibir esta información de sorpresa ya no tenía mucho tiempo para pensar que debía hacer en ese momento porque las pruebas estaban a punto de comenzar y de repente me sentí indeciso y lleno de dudas; sin embargo, me armé de valor y de inmediato le expliqué mi interés de tomar los exámenes de 6to. al profesor Ducoudray, quien vivía justo frente a mi casa y me instruyó hablar con la profesora Ana Virginia Reynoso "Doña Negra".

Decidido a no dejar pasar la oportunidad que tenía por delante de pronto veo venir caminando la maestra Ana Virginia Reynoso, conocida popularmente como "Doña Negra"; de inmediato la abordé en medio de la calle y un poco nervioso atiné a explicarle que me gustaría tomar los exámenes porque me sentía preparado y le pregunté que debía hacer para lograrlo. Ella simplemente me dijo: "busca lápiz y papel y vete de inmediato a la escuela porque ya los exámenes van a empezar." Me presenté y no tuve ninguna dificultad para aprobar el 6to. curso, ya que antes había estudiado gran parte de las asignaturas.

Mi Certificado de 6to. Grado

Periódico "El Vocero"

En Sabana Grande de Boyá en el año 1967 aproximadamente, un pequeño grupo de jóvenes integrado por Sergio Ortiz "Inquín", Alberto Cosca Torres, Rafael Passians, Pedro Sosa Germán y Diómedes Aybar se reunieron, organizaron sus ideas, sus esfuerzos y su disposición para implementar la redacción, publicación y circulación de un pequeño folleto informativo que se conoció en el pueblo como "El Vocero". El mismo contenía de 4 a 8 páginas y para su impresión utilizaban un mimeógrafo que tenía el Ayuntamiento Municipal.

Este pequeño periódico tenía el objetivo fundamental de ofrecer información de contenido social y político, "alertar" sobre algunos planes de las autoridades que ponían en riesgo la libertad, la tranquilidad y la paz de la juventud del pueblo, además de difundir las noticias más importantes que el grupo entendía podían ser de interés y beneficio para la comunidad.

Si mal no recuerdo, el joven Rafael Passians era el caricaturista que dibujaba algunas figuras con el propósito de ilustrar un evento o hecho específico del momento, razón por la cual las autoridades del pueblo, específicamente los cuerpos armados, al sentirse aludidos y tratando de evitar que la juventud manifestara sus ideas y expresara sus pensamientos, mediante amenazas e intimidaciones lograron silenciar y forzaron descontinuar "El Vocero".

El Primer "Reportero"

Fue sin duda alguna la iniciativa que dio origen a aquel pequeño órgano informativo "El Vocero" lo que impulsó al joven Sergio Ortíz "Inquín" a despertar en él su interés para dedicarse al arte de la comunicación pública, dando sus primeros pasos para convertirse en el primer corresponsal periodístico en el pueblo de Sabana Grande de Boyá, lo que años más tarde le permitió integrarse al cuerpo de comunicadores de los principales medios y emisoras en la capital, entre ellos "Radio Mil", donde laboró un extenso período de tiempo.

Emisora Radio Boyá y Negro Santos

Aproximadamente para finales del año 1967 ó comienzos del 1968 se estableció la emisora de radio en Sabana bajo el nombre de "Radio Boyá" por iniciativa y gestiones del joven Ramón Rodríguez Santos, conocido popularmente por su nombre artístico "Negro Santos".

Para esos tiempos el pueblo de Sabana era quizás uno de los más pobres de toda la región que conformaba la extensa Provincia de San Cristóbal; sin embargo, motivado por su sueño de convertirse en locutor, unido al amor que sentía por su pueblo, nació en la mente de este entusiasta joven la idea de establecer una emisora de radio, siendo la primera en toda el área.

Al dar a conocer su inquietud sobre aquel proyecto, el cual parecía un sueño inalcanzable en aquel momento, pronto se sumaron a esta aventura algunas personas cuya colaboración y apoyo fueron determinantes para que el proyecto pudiera tener éxito, convirtiendo en realidad aquella idea que llenó de entusiasmo y optimismo a los sectores más conscientes que entendieron la importancia de esa iniciativa para el desarrollo de la juventud de esta humilde comunidad.

Después de muchos esfuerzos, pasar noches de desvelo, momentos de desilusión, vencer innumerables obstáculos y tocar muchas puertas, Negro Santos había logrado hacer los contactos necesarios para la culminación de su obra y pudo así materializar sus objetivos al poder finalmente presenciar y vivir el momento en que pudo salir al aire por primera vez la emirosa "Radio Boyá", dando inicio a las transmisiones de la emisora radial. Sin embargo, después de algunos meses conduciendo las labores radiales, se dio cuenta que sólo no le sería posible continuar cumpliendo con todas las responsabilidades que conllevaba la actividad.

Debido a esa precaria situación económica y dado que habían aparecido dos personas interesadas en continuar con el proyecto radial, tomó la decisión de reunirse con los jóvenes Juan Aquiles González y Tony Reyes a quienes, tres o cuatro cervezas más tarde, les planteó la idea de venderles los equipos y derechos que había adquirido para operar la emisora.

Al discutir ciertas condiciones para la negociación y llegar a un acuerdo con estas personas, Negro Santos traspasó los derechos de propiedad a estos jóvenes empresarios, quienes le dieron la oportunidad de continuar como locutor en la emisora. La misma logró mantenerse operando durante varios años bajo la dirección y administración de Juan Aquiles Gonzáles.

Este proyecto le permitió al joven Negro Santos convertirse en una persona muy exitosa, quien aportó tanto a su amado pueblo de Sabana Grande de Boyá con su iniciativa, habiendo logrado penetrar años más tarde, no solamente a los más apartados rincones del país, sino que ha trascendido mucho más lejos al llegar a ser el único y verdadero auténtico "Embajador" del Turismo Dominicano ante un gran número de países extranjeros, a través del primer programa televisivo de corte internacional conducido por él, bien conocido como"Santo Domingo Invita", el cual ha estado transmitiendo durante los últimos 40 años. Mi respeto para Negro Santos.

Esta emisora funcionaba en el antigüo local que ocupaba el "Matadero", el cual fue preparado y acondicionado de manera apropiada para la actividad. El matadero era el lugar donde se sacrificaban las reses y los cerdos para preparar las carnes y distribuirlas entre las diferentes carnicerías del pueblo donde las amas de casas podían abastecerse del producto para el consumo de la familia.

Negro Santos

Cooperativa La Candelaria

La Cooperativa La Candelaria se estableció en agosto del año 1967 y fue incorporada mediante Decreto del Poder Ejecutivo No. 266. Originalmente operaba en una enramada que existía en la Calle de la Clínica; años más tarde pasó a ocupar el local del Centro Comunal "Alberto Alcántara", hasta que construyó su propia edificación. Esta institución financiera ha sido el baluarte de soporte económico más importante del pueblo de Sabana, ya que desde el principio les ha abierto las puertas y creado conciencia sobre el ahorro entre los residentes del pueblo, al tiempo que ha servido como un medio de préstamos personales e hipotecarios a sus socios, gracias a lo cual muchas personas se han convertido en propietarios de casas y negocios.

Las oficinas principales de la Cooperativa están ubicadas en la calle Arzobispo Meriño de Sabana Grande de Boyá. Esta institución financiera ha estado ofreciendo sus servicios por más de 40 años y ha alcanzado una solidez extraordinaria, por lo que en el presente cuenta con seis sucursales; una en Monte Plata, una en la capital, una en Cotuí y las otras tres en otros pueblos cuya información no tengo a mano en este momento.

Desde sus inicios, La Cooperativa ha contado con el apoyo de la comunidad, lo que le ha permitido crear una base sólida para extender sus servicios a diferentes lugares del país, llegando a establecer sucursales en la capital, en Cotuí y en otros lugares.

Mis Estudios Intermedios

Puesto que ya había aprobado el sexto curso, estaba listo para continuar los estudios a nivel intermedio de 7mo. y 8vo.; sin embargo, en vista de que desde el año 1966 estaba empleado como encargado de oficina en la Federación de Trabajadores con un horario de 8:00 de la mañana a 5:00 de la tarde, no me era posible asistir a la escuela cuyo horario empezaba justamente a las 8 y terminaba a la 1 de la tarde.

Un miércoles en la mañana como acostumbraba, llega a la oficina el secretario de finanzas de la Federación señor Efigenio Berroa; mientras conversábamos me pregunta en qué curso estoy. Le contesto que "en ninguno". Entonces con asombro me dice: "¿cómo que en ninguno?. Cómo es posible que un joven como tú no esté aprovechando el tiempo para estudiar?". Le expliqué, como él bien sabía, la razón es porque mi horario de trabajo era de 8 a 5, por lo que no tenía tiempo para asistir a la escuela. De inmediato me instruyó para que hablara con el señor Luis Caridad, secretario general de la Federación y le dijera que él, Efigenio, me había cedido las dos primeras horas de trabajo en la mañana para que pudiera continuar mis estudios.

Efectivamente, conversé con el señor Caridad quien no tuvo ninguna objeción y de inmediato me dio instrucciones para que hablara con el director de la escuela, profesor Eladio Ducoudray y le informara que el señor Luis Caridad me había pedido llevarle este mensaje. El director explicó que me aceptaba pero como estudiante "Libre" de 8vo. curso si no podía asistir la tanda completa. De esa manera me las ingenié para prepararme en las otras asignaturas de requisito, ya que durante las dos primeras horas solamente podía asistir a 1 hora diaria de matemáticas y 1 de gramática. Para el tiempo de las pruebas no tuve ninguna dificultad en aprobar los exámenes de 8vo. durante el año escolar 1966-1967. El profesor de gramática para entonces era el joven Ismael Hernández, siendo la primera persona de Sabana Grande de Boyá en graduarse de la carrera de abogado en la universidad.

Es oportuno precisar que para entonces, el 7mo. grado de la educación intermedia no era un requisito indispensable debido a que, si un estudiante había aprobado el 6to. grado con notas sobresalientes, podía optar por el "privilegio" de obviar el 7mo. e inscribirse para cursar el 8vo. ya que se consideraba que las asignaturas que se cursaban en ese curso, eran las mismas del 6to. y parte de las que se recibirían en 8vo. Por esa razón no necesité cursar el 7mo. grado.

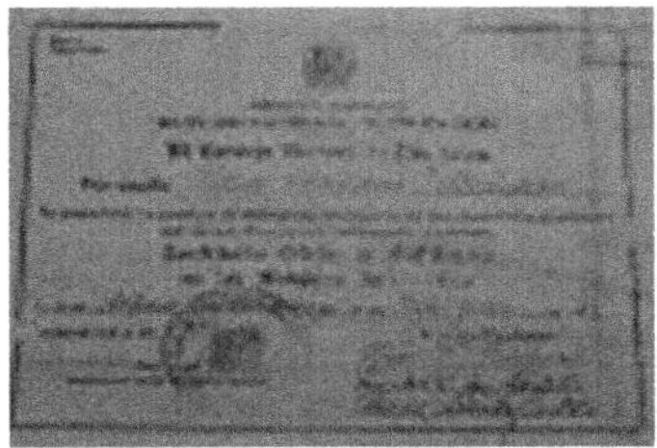

Mi Certificado de 8vo. Grado

La Educación Secundaria

Es precisamente en el año 1967 cuando empieza la educación secundaria en Sabana Grande de Boyá, aunque de una manera muy precaria ya que, al empezar el año escolar un reducido grupo de jóvenes entusiastas y con deseos de progresar se organizaron e hicieron las gestiones de lugar para empezar sus estudios secundarios. Entre éstos recuerdo algunos como: Pedro Sosa Germán, Alberto Torres "Bertico", Sergio Ortiz "Inquín", Radhamés Hernandez "Moreno", Rafael Pasiáns, Ramón Aquino "Ramón el Loro", Emilio de Jesús "Milito" y algunos otros pocos cuyos nombres no recuerdo. Al organizarse el pequeño grupo, estos jóvenes empezaron pagando $1.50 por mes c/u a los maestros, quienes hacían esto como un servicio prácticamente voluntario.

Debido a que la Secretaría de Educación requería de cierta cantidad de estudiantes para otorgar título oficial de "Liceo Secundario", Pedro Sosa se acercó a mí para pedirme que me integrara a estudiar en el Liceo que para ese año empezaba a funcionar a nivel semi-oficial, lo que significaba que la Secretaría de Educación reconocía ese nivel como estudios secundarios pero los alumnos tenían que pagar una parte y la Secretaría pagaba un mínimo a los profesores, por lo que cada estudiante tenía que pagar una cuota de $1.50 por mes para complementar el salario de los profesores. No sé porqué en ese año no me animé a ingresar a los estudios secundarios.

Es a la edad de 22 cuando, en el año 1968 decidí ingresar a cursar los estudios secundarios junto a un nutrido grupo de jóvenes. Con este nuevo grupo se logra finalmente que la Secretaría de Educación otorgue la aprobación como Liceo Oficial Nocturno, donde ya los estudiantes no tendrían que pagar cuota alguna; sin embargo, mientras se completaba el proceso de reconocimiento del Liceo, los nuevos integrantes tuvimos que pagar no más de 2 ó 3 cuotas.

Los primeros estudiantes del Liceo, que a propósito eran quienes se consideraban los jóvenes "privilegiados", aun intentaron continuar la división de clase social que existía entre la juventud del pueblo, mostrándose de manera arrogante ante el nuevo grupo, sin querer permitirnos tener voz ni voto en las reuniones que se efectuaban, aun cuando se trababa de solicitar la oficialización del Liceo ante la Secretaría de Educación, apoyados en el grupo nuestro.

Programa "Orientación Cultural" en Radio Boyá

Al ingresar al liceo el joven Felipe Ozorio y yo organizamos un programa cultural al que llamamos "Orientación Cultural" y era transmitido de lunes a viernes a las 2pm por la emisora local Radio Boyá, espacio que nos fue concedido por el dueño de la estación, Juan Aquiles González, de manera gratuita; este programa estaba dirigido a la juventud y tenía el propósito de enfocar una variedad de temas de contenido cultural específicamente. La introducción del espacio estaba a mi cargo y logró cautivar la atención de muchos jóvenes: ***"Orientación Cultural es un programa que ha sido creado con el***

firme propósito de minar con rayos de cultura aquellos lugares que hasta hoy se han mantenido en la oscuridad del saber"

Fin de la División de Clase Social

Como comenté anteriormente, ya estaba decidido a encontrar la manera de terminar con aquella odiosa y desagradable práctica de segregación de clase por lo que, durante una reunión de estudiantes pedí la palabra para exponer una idea relacionada con la situación. Como eran ellos quienes dirigían la reunión consideraron que yo no tenía derecho a la palabra por ser "pino nuevo" y no me permitieron hablar. Fue entonces cuando en una próxima reunión me revestí de valor y con el apoyo de mis compañeros les hice entender a ese pequeño grupo que, "los pinos nuevos" reconocíamos sus esfuerzos por ser los pioneros en esta obra, pero que nuestro grupo era más importante que todos ellos porque gracias a nosotros se logró obtener la oficialización del Liceo Secundario del pueblo.

Ese evento fue suficiente para marcar, sellar para siempre y poner punto final a aquel capítulo de historia del comportamiento ignorante por parte de esa "clase privilegiada" permitiendo que, de ahí en adelante, cada joven fuera tratado en igualdad de condiciones sin importar donde viviera ni la situación económica de su familia, lo que dio lugar al establecimiento de un respeto mútuo que sirvió para sentar las bases de la unidad y promover el desarrollo de la juventud en nuestro querido pueblo.

Debo recordar que durante los años de 1970 a 1973 los estudiantes de la Universidad Autónoma de Santo Domingo (UASD) mantuvieron una lucha a muerte exigiendo al gobierno del doctor Joaquín Balaguer medio millón de pesos para su presupuesto lo que, bajo el convencimiento de los estudiantes de la Universidad, también generó protestas estudiantiles a nivel nacional en todos los liceos secundarios del país, ya que debíamos apoyarlos en estas reclamaciones, dejando estas protestas un saldo de varios estudiantes muertos, muchos golpeados y heridos por los "cascos negros" de la policía, así como una gran cantidad de detenidos a lo largo y ancho del país.

Sustitución del Director del Liceo Secundario

El año 1969 fue crucial en mis estudios secundarios porque empecé a formar parte de la directiva en la Asociación de Estudiantes Secundarios. Felipe Osorio fue elegido como presidente y yo como vicepresidente. No pasaron muchos días de nuestra elección cuando llegó un telegrama de la Universidad Autónoma de Santo Domingo (UASD) para que todas las asociaciones que pertenecían, apoyaban o estaban afiliadas a su organización estudiantil se declararan en huelga general en demanda para que el Presidente Joaquín Balaguer aumentara el presupuesto universitario a medio millón de pesos.

Debido a ocupaciones laborales y limitación de tiempo, Osorio dejó en mí la responsabilidad de convocar y dirigir las reuniones estudiantiles, porque decía que yo era un buen líder y había mantenido un bajo perfil ante las autoridades y los dirigentes del Partido Reformista y así, la policía del pueblo no nos prestaba mucha atención.

Efectivamente, una protesta se había iniciado en las primeras horas del día en todo el país con un paro total de la docencia y quemas de neumáticos en las calles. La policía, por su parte, mantenía un asedio total reprimiendo y golpeando al estudiantado dominicano para amedrentarlos y evitar los reclamos y conflictos contra el gobierno y nosotros no éramos la excepción.

Pasado el período de huelga regresamos a las clases como de costumbre ya que una comisión gubernamental había prometido reunirse con las autoridades de la UASD para buscar una solución al conflicto.

En vista de que la policía en todo el país mantenía una actitud agresiva y represiva en contra de los estudiantes secundarios, una noche convocamos una reunión urgente para alertar y discutir con los estudiantes secundarios, aspectos sobre los planes que tenía la policía, quienes pretendían ametrallar el liceo como ya lo habían hecho en otros centros de estudios nocturnos del país.

Nuestra asociación de estudiantes fue siempre muy respetuosa ante las autoridades escolares por lo cual solicitamos permiso al Director Vicente Vegazo y al Sub-Director Víctor Rosario, para pedir suspender las clases y efectuar la reunión. Pero el Director negó nuestra petición diciendo: "Váyanse a' su clase y no jodan má", sin antes conocer lo urgente e importante de la reunión, la cual considerábamos de vida o muerte para el propio plantel. Su decisión negativa no detuvo nuestro propósito por el peligro que enfrentábamos los estudiantes y de todas maneras decidimos efectuar la reunión ya que el rumor sobre el plan de la policía era algo inminente.

Nos dirigimos a un amplio salón donde la noche se tornaba tensa por aquellos rumores que llenaban de miedo a todos los estudiantes presente y hasta se podía notar en sus rostros el temor por el atropello reciente que habían sufrido algunos compañeros de parte de la policía "los cascos negros" y, sobre todo, la injusticia que existía contra la juventud en ese tiempo, especialmente durante huelgas estudiantiles y la impunidad para las autoridades.

Tan pronto logré reunir a los estudiantes mientras algunos ya se disponían a quemar gomas frente al Liceo, me puse de pies encima de un escritorio y les dije: "Silencio por favor, compañeros, los hemos convocado de urgencia por una razón muy importante; no hay tal reunión solamente quiero pedirles que salgan de inmediato del Liceo y se vayan a sus casas, pero no salgan en grupo ni caminen por la Avenida Duarte, que esa es la calle principal por donde vendrá la policía y quizás ya están en camino. Quien no quiera amanecer preso debe hacerlo así".

Como era de esperarse, pocos minutos después caminé solo por la Duarte hacia mi casa y allí venían varios oficiales armados para el liceo. En un momento tuve la sensación de que venían hacia mí y sentí que el camino se puso más largo que nunca, las flojeras en mis rodillas parecían que las piernas no resistían el peso de mi cuerpecito desnutrido. Al pasarme por el lado mi mente se nubló con todo tipo de pensamientos hasta que los vi de espaldas sin haber ellos notado mi presencia ya que Dios me cubrió y me protegió. Allí comprendí las palabras usadas por Osorio cuando me asignó esa responsabilidad "por ser un líder de bajo perfil". Afortunadamente esa noche nadie fue detenido por la policía, gracias a la astucia con que pude manejar la situación.

Castigo de Suspensión por Dos Semanas

Como consecuencia de haber ignorado la negativa de permiso para la reunión, el director del liceo tomó la decisión de sancionarme con dos semanas de suspensión, lo que me fue notificado mediante carta firmada por todos los profesores y por él. Sin embargo, lo que el profesor Vicente Vegazo nunca imaginó fue que esa carta tendría una consecuencia tan adversa para él. Cuando leí la carta firmada por el director, el sub-director y todos los demás profesores del liceo, analicé su contenido y encontré que la misma tenía 13 faltas ortográficas, lo que me provocó la pregunta: "¿Cómo es posible que una carta de apenas 2 párrafos escrita y firmada por el director del liceo además de un grupo de profesores, pueda tener tantas faltas ortográficas? ¿Qué pueden aprender los estudiantes bajo la dirección de una persona que no conoce la importancia de la ortografía para escribir"?

En ese momento lo único que atiné a pensar fue "tengo que hacer algo para que la Secretaría de Educación traslade o cancele al profesor Vegazo porque considero que una persona así no tiene la capacidad ni merece dirigirnos".

Convoqué los estudiantes a una huelga estudiantil y envié un telegrama urgente a la Secretaría de Educación. Fue necesario enviar dos telegramas más antes de que las autoridades de educación decidieran venir a resolver el problema. 4 ó 5 días después llegó una comisión oficial que se reunió con nosotros, el director del Liceo Vicente Vegazo y los demás profesores. Al plantearle la situación a la comisión y mostrarle las evidencias, ellos entendieron nuestro reclamo y tomaron la decisión de trasladar al profesor Vegazo inmediatamente a otro lugar.

Vicente Vegazo Culpa a Víctor Rosario

Lo lamentable de esta historia es que Vicente Vegazo siempre culpó al Sub-Director, profesor Víctor Rosario, como el único responsable por nuestras acciones en contra de él como director del Liceo, cuando en realidad no fue así. 6 ó 7 años más tarde, coincidencialmente me encontré con el profesor Vegazo en una visita que hice a la Secretaría de Educación y él todavía insistía en creer que el culpable de todo fue el profesor Víctor Rosario cuando, en honor a la verdad y en testimonio ante Dios, el profesor Víctor no tuvo nada que ver con eso; por el contrario, el profesor Rosario trató de persuadirme para que desistiera de mis propósitos, pero mi respuesta fue, "manténgase al margen si usted no quiere irse junto con Vegazo".

Me gustaría que el profesor Vicente Vegazo tuviera la oportunidad de leer esta historia porque, talvez así él podría entender toda la verdad, con lo que descargaría de culpa al profesor Víctor Rosario, ya que se trató de una situación provocada por el mismo Vegazo al negarse a entender que, como director, en ese momento era su responsabilidad proteger a un grupo de jóvenes que solamente trataban de preservar sus vidas.

Después de eso, la Asociación de Estudiantes Secundarios continúo fortaleciéndose y nos concentramos en la organización de giras por distintos lugares turísticos del país, como la playa de Bayahibe en La Romana; Playa Long Beach en Puerto Plata; Cayo Levantado en la Bahía de Samaná y el Palmar de Ocoa en San José de Ocoa, entre otras.

Me Gradué de Bachiller

Finalmente en el año 1970 me gradué de bachiller junto a un grupo de compañeros entre quienes puedo recordar a Luís Aníbal Céspedes, Tobías Hernández, Roberto Rojas, José Benito Baez y una joven de nombre Noemí, no sin antes enfrentar un pequeño incoveniente con el profesor de Química Luis Soto, quien previamente nos había amenazado que no permitiría que nos graduáramos de bachiller ese año, por lo que trató de buscar la manera de evitar que este pequeño grupo de estudiantes terminara sus estudios secundarios. Para cumplir lo prometido usó la táctica de hacer creer que ninguno de los estudiantes habíamos obtenido la nota requerida para aprobar la asignatura de Química.

Ante nuestra seguridad de haber aprobado la asignatura tuvimos que recurrir al sistema de "revisión de exámenes" en presencia del profesor y del director del liceo, donde pudimos demostrar que todo se tratató de un acto de mala fe por parte del profesor Soto, ya que varias de las respuestas correctas en las pruebas las había marcado como incorrectas, bajo el pretexto de que las explicaciones del libro de texto eran "muy ambigüas"

En respuesta a sus argumentos le preguntamos ¿por qué utilizó este material de contenido "ambigüo" como libro de texto? Su respuesta fue simple: "porque no había otro". Entonces le recordamos al profesor que ese libro no había sido escrito por nosotros y si él consideraba que éste no debía ser usado, entonces pudo habernos proporcionado el que fuera considerado "más adecuado" por él. No teniendo el profesor Soto una justificación válida para sus acciones, simplemente aceptó su error y procedió a enmendarlo.

PARTE II

PALABRAS, FRASES, JUEGOS, ENFERMEDADES Y REMEDIOS COMUNES QUE SE USABAN EN LA EPOCA

A continuación he querido presentar un listado de aquellas palabras, frases, juegos, algunas enfermedades y remedios caseros más comunes que formaban parte de nuestro vocabulario cotidiano y del diario vivir en aquellos tiempos. Es oportuno aclarar que, para el significado que hemos descrito para los términos incluidos, no hemos usado ningún material de consulta ni la definición que ofrece diccionario alguno, sino en el uso específico para el cual se aplicaba. Cualquier semejanza a la definición del diccionario es pura y simple coincidencia.

a) Vocabulario o Palabras

***Abimbar:** Dar una golpiza a alguien: "Mira como le dejaron la cara, lo abimbaron".

***Abusión**: Expresión que se usaba como sinónimo de "superstición". Por ejemplo: Ver un gato negro en la mañana da "mala suerte". Creer en abusiones: Cuando se creía o se tenía la certeza de que algo basado en la superstición podía ocurrir ("Yo no creo en abusiones").

***A-Casón**: Cortar el cabello demasiado corto: "Al muchacho lo pelaron a-casón."

***Agallú:** Persona que trataba de adueñarse de más de lo que le pertenecía para tomar ventaja sobre los demás. Si el plan fallaba le decían: "eso le pasó por agallú".

***Agentao o Agentado**: Persona muy extrovertida que no era tímida y pretendía saber más de lo que se suponía sabía y/o expresaba espontánea y abiertamente cualquier idea o comentario: "Déjate de estar de agentao"

***Aguaje**: Querer aparentar lo que no era. Presumir tener dinero, mucho valor u otra condición que no se tenía: "El o ella solo está haciendo aguaje".

***Aguajero**: Persona que presumía ser más fuerte que los demás, de tener más que los otros, ser mejor que otros o ser superior a todos los que le rodeaban: "Tú eres un aguajero".

***Alcalde Pedáneo**: Era el hombre que ostentaba la autoridad legal más importante en la comunidad y ejercía sus funciones de manera gratuita como un servicio a las personas del lugar. Era respetado y temido por todos, en quien se tenía absoluta confianza y su palabra era suficiente para confirmar o negar un hecho. Tenía la potestad de arrestar a cualquier ciudadano que cometiera un delito de robo o asesinato para entregarlo al cuartel de guardia más cercano.

No tenemos información sobre quien era la autoridad responsable para designar al "alcalde pedáneo" quien, a su vez, era auxiliado por un "Segundo Alcalde" designado por el "alcalde pedáneo". Este último podía también auxiliarse de un "Custodio". Mi papá fue un alcalde.

***Alebrecao**: Sentirse mejor de salud cuando se estaba enfermo: "Ya me siento más alebrecao".

***Allante o Allantoso**: Aparentar algo o tratar de hacer creer algo que no era real. Persona que hablaba mucho y hacía poco: "Ese tipo e' puro allante, o ese tipo e'jun allantoso".

***Amemao**: Se decía de una persona quien hacía las cosas de manera muy calmada y lentamente, o que mostraba lentitud para pararse si estaba sentado o acostado.

***Ampué**: Palabra que expresaba el sentir de esperar algo que se necesitaba o se deseaba y no acababa de llegar o de concretizarse.

***Andullo**: Paquete de 3 a 4 pies de largo con 3 ó 4 pulgadas de diámetro que se confeccionaba con hojas secas de tabaco, las cuales se iban enrollando de manera cilíndrica y envolviendo con una soga fina a todo lo largo para obtener un producto (andullo) que luego se cortaba en pedazos pequeños para consumirlo o venderlo: "Anoche mi papá hizo un andullo".

***Apota**: A propósito, adrede: "Ella lo hizo apota".

***Arbolario**: Se decía de una persona quien ofrecía una primicia o anunciaba algún hecho o acontecimiento con mucho entusiasmo: "Déjate de estar de arbolario".

***Arica. Arisca. Huraño:** Persona o animal muy tímido que tenía miedo de acercarse a otros: "esa muchacha es muy arica" o "ese gato es un poco huraño".

***Arrancao**: No tener dinero: "No puedo ir a la fiesta porque 'toy arrancao".

***Arretao o Pechú**: Persona muy valiente que se atrevía a hacer algo que otros no se atrevían: "Ese si e' arretao".

***Azaroso**: Persona quien se creía proporcionaba mala suerte a otros: "Tú ere'jun azaroso".

***Babunuco o Babonuco**: Un trapo o pieza de ropa vieja que usaban las mujeres para envolverlo en forma redondeada para ponérselo en la cabeza, el cual le servía para amortiguar el peso cuando llevaban una lata de agua sobre sus cabezas.

***Bacá**: Especie de fantasma creado en la mente de las personas, el cual era capaz de convertirse en cualquier animal, al que se le atribuían poderes malignos. No hay evidencia alguna comprobada de que el "bacá" existiera alguna vez. También se le atribuían facultades que le proporcionaban poderes para que el dueño pudiera adquirir riquezas abundantes.

***Baquiní**: Rito de duelo que se efectuaba cuando moría un niño. El tierno cuerpecito sin vida del niño se cubría con flores en su ataúd y se acostumbraba entonar una variedad de cánticos religiosos durante todo el tiempo del velatorio. Con el propósito de calmar el dolor y llanto de las madres por la pérdida de su bebé, los parientes, vecinos y amigos trataban de consolarlas diciéndoles que su "pequeño era un angelito y por tanto iría derecho al cielo" y que no deberían llorar mucho porque las lágrimas quemarían las alitas de su angelito, lo que le impediría llegar más pronto al cielo.

***Bandeársela**: Ingeniársela de alguna manera para resolver una situación difícil: "Con ese poco de dinero ella tendrá que bandeársela".

***Barajar:** Perder el tiempo, especialmente en el trabajo: "Ponte a trabajar y déjate de 'tar barajando".

***Barselico**: Muchacho que hacía travesuras y se reía de las mismas: "Mira muchacho déjate de estar de barselico".

***Batata**: Pantorrilla. Parte masuda de la parte atrás de la pierna: "Me di un golpe en la batata".

***Batea**: Envase construido de un tronco grueso de madera (de ceiba), el cual era usado por las amas de casas para lavar la ropa. Estos envases eran fabricados también en tamaños más pequeños para ser usados como utensilios de cocina: "Tráeme el trapo que 'ta en la batea".

***Batimento**: Mezcla de varios ingredientes juntos. También a los víveres se les solía denominar con ese nombre: "El curandero 'taba preparando un batimento".

***Bembe:** Labio superior o inferior: "Amanecí con el bembe hinchado".

***Bin-bín**: Nombre que se daba al órgano genital del hombre. Pene. Organo genital masculino.

***Bochinche**: Chisme. Comentarios mal intencionados: "Ya tú vienes con'el bochinche".

***Bojote:** Gran cantidad de lo mismo: "Tenía un bojote de dinero".

***Bozo Totao**: Se le decía al hombre que presumía estar revestido de mucho coraje y no parecía tener miedo a otros hombres: "Ese hombre priva en bozo totao".

***Brinca Charco**: Pantalón que quedaba muy corto al hombre: "Ese pantalón te queda brinca charco".

***Buchipluma**: Tratar de convencer a otros hablando mucho, sabiendo que podía hacer muy poco o nada: "Ese tipo e' buchipluma nomá".

***Buquí**: Persona que comía mucho: "Ese come má 'quiún buquí".

***Cábala o Cábula**: Presagio de algo que no estaba basado en la realidad, pero se tenía la creencia de que podía ocurrir, porque la práctica y/o la experiencia así lo habían demostrado. Se creía que si le pasaban una escoba por los pies a un hombre, éste se casaría con una vieja, o si una muchacha abría una sombrilla dentro de la casa, ésta nunca se casaría: "Yo no creo en ese tipo de cábala o cábula".

***Caballá**: Algo muy poquito o de poca importancia. Hablar cosas sin sentido o hablar disparates: "Eso le pasó por 'ta hablando caballá" o "Na'má me dio una caballaita".

***Cabecera**: Parte de la cama del lado donde se ponía la cabeza. También se les llamaba así a las rústicas almohadas fabricadas de cualquier material que se tuviera a mano, como ropas inservibles, hojas secas de las matas de plátanos, etc.

***Cabello o Pelo Encatao**: Tener el cabello muy duro o grifo: "Esa si tiene el cabello encatao".

***Cabezú, Cabezudo o Cabeza Dura:** Muchacho o muchacha que se comportaba de manera terca o que no quería obedecer alguna orden o algún mandato de un adulto: "Ese e'jún cabezú"

***Cabrón**: Persona que hacía incomodar o molestaba a otras: "Ese e'jun cabrón".

***Caco**: Cabeza: "Le dieron un palo en el caco"

***Calié:** Persona quien, de manera secreta y mal intencionada, se encargaba de investigar a otras personas para contar chismes a sus jefes, con el propósito de ganarse la confianza de sus superiores y al mismo tiempo, obtener beneficios propios, estando conscientes de que sus acciones tenían la intención de hacer daño a sus semejantes. En la época de Trujillo existían muchos de estos personajes, a quienes también les llamaban "chivato". Muchos de los que se dedicaban a esta absurda práctica lo hacían de manera voluntaria: "El calié hizo que lo metieran preso".

***Cañohondo o Cañojondo:** Guineo o rulo maduro: "Encontré un racimo de cañohondo".

***Certifico**: Certificación emitida por los alcaldes pedáneos de la comarca, mediante el cual se certificaba la compra, venta o traspaso de cualquier animal o propiedad. Era el documento de mayor valor legal; sin embargo, su uso más común era para la compra, venta o traslado de animales de un lugar a otro: "El alcalde pedáneo me dio este certifico".

***Cháncharo**: Perro callejero. Perro flaco realengo y desnutrido o enfermo: "Espanta ese cháncharo no sea que te quiera morder".

***Chele**: Moneda de cambio con valor de 1 centavo: "Este huevo me costó 2 cheles".

***Chercha**: Cometario o conversación entre risas y bromas con ánimo de entretenimiento entre dos o más personas: "Mira esos que chercha tienen".

***Chepa**: Casualidad. Casi. Por poco: "Lo conseguí de chepa" o "Me salvé de chepa".

***Chichí:** Niño muy pequeño. Recién nacido. Bebé: "El chichí 'ta llorando".

***Chichón:** Hinchazón que se producía por causa de un golpe fuerte en la frente o la cabeza: "Mira el chichón que se me hizo con el golpe que me di con la ventana".

***Chin:** Muy poca cantidad. Un poquito de algo: "Quiere 'un chin de café?" Cuando un hombre dominicano le pide un "chin" a una mujer la está invitando a tener sexo.

***Chiripa:** No tener trabajo fijo. Trabajo esporádico pequeño, sencillo, de corta duración por el cual se pagaba poco dinero: "Ahora estoy haciendo una chiripa o conseguí una chiripita".

***Chivatear:** Denunciar. Contar chismes mal intencionados de alguien: "Ese hombre fue quien me chivatió".

***Chivirica o Chirivica**: Se refería generalmente a una muchacha muy simpática y extrovertida y que no mostraba timidez ante los hombres: "Eso le pasó por estar de chivirica".

***Chueco:** Algo muy torcido o deformado**.** Estar un poco enfermo o muy delicado de salud con algunos malestares: "Esto me quedó chueco" o "Estoy to' chueco".

***Cica**: Materia fecal. Pupú. Excremento: "Tienes un bajo en los pies; quizás pisaste una cica".

***Ciguapa**: Mujer misteriosa descrita como "una joven y hermosa mujer" con pelo negro lacio y largo que le cubría todo el cuerpo desde la cabeza hasta los pies y que tenía los pies hacia atrás (invertidos) a quien nunca nadie vio y de quien no existe evidencia alguna de que realmente existiera, aunque algunos se atrevían a asegurar haberla visto: "Le aseguro compadre que vi una ciguapa"?????

***Clavao**: Moneda de cambio cuyo valor era el equivalente a diez centavos: “esto me costó un clavao”.

***Cocotazo**: Golpe repentino con el puño cerrado que se les pegaba a los niños generalmente por la cabeza: “Si no te tranquilizas te voy a dar un cocotazo”.

***Contimá o Continimá**: Ni una cosa ni la otra. “Si no le da esto continimá le dará lo otro”.

***Coño**: Expresión vulgar que usan algunas personas en tono alterado cuando están enojadas o cuando están insultando a otros: “No me jodas coño”.

***Crica o Criquín:** Mínima porción. Un poquito de algo: “Apenas bebí un criquín de café hoy”.

***Cuajao:** Estar cansado sin haber trabajado o sin motivo aparente: “Yo’toy cuajao hoy”.

***Cubiar o Cubear**: Acto mediante el cual un hombre usaba los servicios de una servidora sexual (prostituta) y no le pagaba por sus servicios: “Ese azaroso anoche me cubió”.

***Culcutiar**: Buscar minuciosamente. Rebuscar entre varios objetos guardados en un mismo lugar: “Encontré esto culcutiando en ese baúl”.

***Cuquiar o Cuquear**: Incitar. Desafiar. Molestar: “Te he dicho que no me cuquée”.

***Cundío o Cundido:** Saturado de algo: “Ese perro e’tá cundío de pulgas” o “Ese niño ’ta cundío de piojos”.

***Cursiar:** Evacuar. Ir al baño. Hacer pupú: "Ese güíncharo se cursió en el suelo".

***Cutáfara:** Vehículo muy deteriorado. Objeto en muy malas condiciones: "Eso 'ta hecho una cutáfara".

***Decalentá o Detiboriá**: Muchacha que se mostraba de manera alegre y muy sonriente cuando estaba frente a un hombre que le gustaba o que el hombre estaba enamorado de ella.

***Decricajá o Decricajao:** Persona en muy mala situación económica o de salud. También, cualquier objeto muy deteriorado: "Ella 'ta toá decricajá" o "eso 'ta 'to decricajao".

***Degaritarse**: "Irse de repente para un lugar que nadie sabe donde fue: "Nadie sabe pa'donde se degaritó".

***Degraciao**: Expresión vulgar usada por algunas personas para insultar a otras: "Ese degraciao se robó mi caballo".

***Deguañangao:** En muy mala condición o extremadamente cansado: "Toy 'to deguañangao".

***Desaforao**: Desesperado. Mostrar gran apuro por conseguir algo antes de tiempo: "No consiguió eso por estar de dasaforao".

***Despatillarse**: Mujer que se tira o cae al suelo con las piernas totalmente abiertas: "Mira esa como se despatilló".

***Detelengao**: Vestir con ropa muy maltratada o estar en malas condiciones: "Con esa ropa te ves to' detelengao".

***Divaído**: Pieza de tela o ropa que ha perdido casi todo su color: "Ese vestido si está divaído".

***Embalarse**: Correr a mucha velocidad: "Cuando me vio se embaló" o "El iba embalao".

***Embelezao**: Quedarse mirando fijamente a una persona u objeto: "Me quedé embelezao mirando esa mujer".

***Embullarse**: Entretenerse para pasar el tiempo: "Ven seguido y no te embulles".

***Embullo**: Cuando un hombre o mujer tenía una relación sentimental pasajera: "Ella parece que tiene un embullo".

***Empapao**: Mojado totalmente: "Me cayó un aguacero y 'toy empapao".

***Encojonarse:** Incomodarse de mala manera. Molestarse: "Eso es lo que má' me encojona".

***Enchinchar**: Incitar. Meter chisme con propósito de hacer incomodar a alguien para que tome acción: "A esa mujer le gusta enchinchar".

***Engatusar**: Engañar o querer hacer trampas: "Espero que no te dejes engatusar de ese tipo".

***Engoar**: Entretener a alguien mientras se planea algo en su contra: "Lo estoy engoando".

***Epavilarse o Espavilarse**: Un mandato u orden que se daba a alguien para que se apresurara a hacer algo o para que se levantara si permanecía acostado después de la hora de levantarse.

***Fañoso:** Afónico. Tener síntomas de gripe: "Hoy amanecí fañoso".

***Féferes, Corotos**: Sinónimos para nombrar un grupo de artículos del hogar o diferentes cosas: "Ponte a recoger esos féferes o corotos".

***Fueteao**: Correr a toda velocidad: "Iba fueteao y por eso chocó".

***Gandío:** Persona que quería todo para ella o más de lo que le pertenecía: "Ese es un gandío".

***Garata:** Discusión o pequeña pelea entre dos o más personas: "En la fiesta anoche se armó una garata".

***Gastadero**: Se denominaba así a los restos de un animal muerto en avanzado estado de descomposición. Animal muerto: "Hay un bajo, parece que hay un gastadero".

***Grima**: Miedo. Temor: "Visitar el cementerio me da grima".

***Güépere o Güéspere**: Pequeña mariposa que entraba a la casa durante el día, la cual se tenía la certeza que anunciaba la visita de una persona. "Entró un güépere, de seguro hoy viene visita para la casa".

***Güíncharo:** Calificativo despectivo que se le daba a un muchacho: "Ese güíncharo lo dejó caer".

***Harto o Jarto**: Colmar la paciencia de alguien: "Cállate muchacho que me tienes jarto".

***Hoyos de Ara**: Lugar cercano al Batey Cojobal en el campo donde mi padre, Felipe Ponceano, tenía su conuco.

***Inventador**: Muchacho que a escondidas trataba de hacer cosas que no debía hacer y era descubierto por un adulto: "Eso te pasó por 'tar de inventador".

***Jaiba o Araña Cirica**: Pequeño niño o niña cuando mostraba un comportamiento muy rebelde y/o gritaba fuerte por largos periodos de tiempo: "Parece una jaiba cirica".

***Jaranear:** Decir bromas sin mala intención. Decir chistes**:** "Te dije eso de jarana".

***Jíbara:** Mujer muy liberal a quien le gustaban mucho los hombres: "En qué 'tará esa jíbara"?

***Jíbaro:** Perro callejero sin dueño: "Espanta ese jíbaro"

***Jíbijoa:** Especie de hormiga muy pequeñita de color rojizo que producía una picada muy dolorosa e incómoda. Generalmente se encontraba en los árboles: "Me picó una jibijoa".

***Jícara:** La cáscara dura del coco seco con la cual se fabricaban utensilios para la cocina, los cuales eran usados para servir comida y/o comer, en sustitución de un plato o una cuchara.

***Jigüera o Higüera:** Envase construido con la mitad de un higüero. Al sacarle la tripa y secarla bajo el sol se convertía en un envase muy útil el cual, además de ser usado como utensilio en la cocina, también era utilizado por las amas de casa como bacinilla. Mi mamá decía un refrán: "El que no tiene jigüera mea en el suelo".

***Jipío:** Sensación que le quedaba al niño cuando estaba en proceso de calmar su llanto: "Deja que se le quite el jipío para darle la leche".

***Jondiar:** Tirar, tirarse de lo alto: "Se jondió de una mata y se partió un brazo".

***Juchar**: Incitar, Molestar: "Déjate de estar juchando las avispas porque te van a picar".

***Jumo:** Borrachera. Consumo excesivo de ron o bebidas alcohólicas: "Ese tipo tenía un jumo".

***Ladilla**: Insecto muy pequeño que se alojaba en el área de los genitales cubierta de pelos en hombres y/o mujeres. Este pequeño insecto era transmitido de una persona a otra y era más frecuente en los ambientes donde proliferaba la prostitución: "Estuve con esa mujer y me pegó ladillas".

***Lambón**: Persona que pide mucho y va a lugares donde no ha sido invitado: "Ahí ya viene ese lambón".

***Largarse:** Marcharse. Irse de una casa o de un lugar: "Empaquetó sus tereques y se largó".

***Lego**: Persona que había estudiado poco o que no sabía sobre algo: "Ese e'jun lego".

***Lengua Larga:** Chismoso**.** Mentiroso. Embustero: "Déjate de estar de lengua larga".

***Letrina:** Sanitario: "Esa letrina hiede mucho".

***Litera:** Ataúd. La caja donde llevaban un muerto para el cementerio: "Ahí llevan una litera".

***Long Play**: Disco grande que contenía 10, 12 ó 16 canciones de un mismo artista: "Me regalaron un long play de Danny Rivera".

***Macuteo:** Soborno. Pedir o recibir dinero para facilitar un trámite o perdonar una ofensa: "A ese policía le gut'el macuteo".

***Macuto:** Especie de bulto (en forma de cartera grande para mujer) tejido en material de guano u otro material, el cual era usado generalmente para transportar o guardar artículos ligeros de diferentes géneros.

***Maimita o Marmarita**: Así se le llamaba a cualquier pequeño envase, especialmente de metal o aluminio.

***Maipiolo:** Persona quien se dedicaba a conseguir pareja a otra persona. También, persona quien servía las bebidas a los clientes en los burdeles o cabarets a quien también los clientes pedían opinión sobre servidoras sexuales disponibles para ofrecer sus servicios a los clientes.

***Mala Pachotá**: Cuando se le daba una mala respuesta a alguien: "Cuando le pregunté me diú'na mala pachotá".

***Mala Palabra**: Palabra desagradable que expresaba una persona cuando estaba enojada: "No digas mala palabra".

***Mangulina:** Tipo de música muy parecida al merengue que se tocaba al ritmo de palos, güira y acordeón en las fiestas familiares o sociales: "Me pasé toda la noche bailando mangulina".

***Mármara**: Vehículo, especialmente un carro cuando estaba en tan malas condiciones que apenas podía arrancar y había que empujarlo para ayudarlo a encender: "Eso es una mármara".

***Marotear**: Buscar frutas, víveres o vegetales en árboles o arbustos silvestres o en áreas sin dueño: "Me pasé la mañana entera maroteando y no encontré nada".

***Matazo**: Caer al suelo y darse un fuerte golpe: "Por venir corriendo se dio un matazo".

***Mazamorras:** Irritación entre los dedos de los pies que producía mucha comezón y era adquirida al caminar descalzo y pisar lugares donde había orina y/o excremento de animales: "Caminé por aquí y ahora tengo mazamorras".

***Mojiganga:** Pequeña broma. Palabra o cosa sin importancia. "Eso es una mojiganga" o "Déjate de estar con mojigangas y dime la verdad".

***Montear:** Salir a cazar animales cimarrones en los montes.: "Mi papá se fue ayer a montear".

***Moriqueta o Musaraña**: Hacer muescas o gestos feos con la cara: "Déjate de estar haciendo moriquetas" o "musarañas.

***Morocota**: Moneda de oro puro que las personas usaban para acumular y atesorar sus riquezas. Es oportuno aclarar que, el oro era lo que servía como respaldo a las reservas de dinero en el banco central y los bancos comerciales: "Cuando murió me dejó 5 morocotas".

***Mota**: Moneda de cambio de uso común cuyo valor era el equivalente a la mitad de 1 centavo (medio centavo): "Compré una mota de azúcar".

***Motetes. Tereques**: Algunas piezas de ropas y algunos pocos artículos del hogar que tiene una persona: "Agarró sus motetes o tereques y se Largó".

***Mueca o Muesca**: Gesto que se hace con la cara para intentar expresar o comunicar algo: "Ella me hizo una mueca o muesca".

***Naiboa:** Sustancia. Sabor: "Esa sopa no tiene naiboa".

***Nigua:** Pequeño parásito que producía irritación severa entre los dedos de los pies en el área donde se tenía mazamorras: "Parece que tengo niguas".

***Nijao**: Expresión que se usaba para confirmar que algo de seguro iba a ocurrir por hacer o no hacer alguna cosa o por algún acontecimiento que estaba ocurriendo: "eso 'e nijao que pasará".

***Ñáñara**: Pequeño peladito en el cuerpo o varias partes del cuerpo. Pequeña herida que se había infectado. Irritación o erupción en la piel, o un pequeño nacío: "Mira como ese muchacho tiene las piernas, llenas de ñáñaras".

***Ñapa:** Mínima cantidad que se pedía o daba gratis cuando se compraba algo: "Deme la ñapa" o "Toma esto de ñapa".

***Papeleta:** Dinero en papel moneda: "El dinero me lo entregaron en papeletas de cinco pesos".

***Pavita:** Siesta. Una dormidita ligera o breve: "Aquí echando una pavita".

***Papelero:** Persona hipócrita que trataba de hacer creer a otros lo que no era: "Ese tipo ej'un papelero".

***Pelota**: Bola de jugar beisbol: "Tírame la pelota".

***Petaca:** Envase mediano construido con una yagua, el cual generalmente usaban las mujeres para lavar ropas. Debido a la sencillez del material –la yagua-, su uso era limitado.

***Pichirrí**: Parte trasera de las aves donde tienen la cola: "Agarra esa gallina por el pichirrí".

***Picó:** Tocadiscos. Equipo parecido a un radio en el cual se tocaba la música de los discos cuando se celebraba una fiesta o simplemente para escuchar la música: "No tengo en qué tocar música porque el picó está dañado".

***Pin Pún:** Semejante. Igual: "Ese muchacho e'pin pún a su papá".

***Pique:** Ira. Enojo: "Cuando supe eso me di'un pique….". o "Tenía un pique que no pude controlarme".

***Pirrindola**: Parte trasera de las aves. Parte donde las aves crecen las plumas de la cola: "Le quitó las plumas de la pirrindola a esa paloma".

***Plagoso:** Persona que pedía algo con insistencia o trataba de insistir en lo mismo: "Mira muchacho déjate de'tar de plagoso".

***Plepla**: Decir muchas cosas sin coherencia, sin sentido o que no se le creía: "Ese 'ta hablando plepla".

***Porfía:** Discusión. Desacuerdo: "Tuvieron una porfía por una mujer y por eso se pelearon".

***Prendío:** Borracho. Embriagado: "Bebió demasiado y se prendió". o "Ayer tenía un prendi".

***Pripotiar o Pripotear**: Se le decía a los muchachos cuando jugaban, saltaban o brincaban, generalmente dentro de la casa y los adultos le advertían: "Mira muchacho déjate de estar pripoteando o de pripotero".

***Puñetero**: Adjetivo usado para denominar a alguien que se había portado mal o había hecho algo malo que molestaba a otro: "Ese puñetero me la va a pagar".

***Quebrado**: Las fracciones en matemáticas: "Me quemé en matemáticas porque no pude resolver un problema de división de quebrados".

***Quicio**: Pedazo de madera que se colocaba de manera fija en la parte de abajo del marco de las puertas en una casa. Cuando una persona era haragana le decían que era como un "quicio": "Ese e'má jaragán qui'un quicio".

***Quillarse**: Cuando una persona estaba muy enojada por algo: "El ta'quillao por lo que le dije".

***Ramalazo**: Marca en el cuerpo producida por un golpe fuerte: "Mira el ramalazo que te dejó".

***Rámpano**: Llaga en el área de los pies, especialmente en el tobillo, la cual demoraba mucho tiempo para curarse: "Tiene un rámpano en el pie derecho".

***Refajo**: Pieza de vestir con sostenes para uso femenino debajo del vestido: "Le hice un refajo".

***Regarse**: Alborotarse. Niño a punto de empezar a gritar: "Cuando le pedí un aumento al jefe se me regó". "Si no le dá la leche pronto a ese muchacho se va a regar"

***Reguerete:** Cantidad de objetos tirados en el suelo: "Mira muchacho ven a recoger e'te reguerete".

***Relajo:** Broma: "Eso e'jun puro relajo". "Tú 'tá relajando".

***Remúa**: 2 piezas de ropa (camisa y pantalón o un vestido) que tenía una persona: "Tengo una remúa nueva".

***Rendío**: Estar dormido profundamente: "Déjalo quieto que 'ta rendío".

***Repagilar**: Regañar a alguien u ordenarle que se vaya: "Cuando llegué me repagilaron".

***Reperpero o Rebú:** Discusión. Riña o pelea entre dos o más personas: "Se armó un reperpero o un rebú en la fiesta y tuve que salir huyendo".

***Ripio**: Cordón de la corteza de un árbol o de una yagua que se utilizaba para atar o amarrar algo: "Amárralo con este ripio".

***Romo**: Ron de cualquier clase. Bebida alcohólica: "Anoche nos bebimos 3 botellas de romo".

***Salteador:** Ladronzuelo; hombre que se dedicaba a robar. También se le llamaba así a cualquier hombre que hacía travesuras desagradables para molestar a otras personas: "Ese e'jun salteador".

***Sobaco**: Axila. Parte de abajo donde crecen pelos en los adultos y se une el brazo con el pecho y la espalda: "Ese hombre tiene un bajo en lo 'sobaco".

***Soberao**: Espacio que se construía en la parte de arriba dentro de la cocina o de la casa usando madera, donde podía habilitarse una especie de cama para dormir usando una escalera para subir y bajar. También era usado para que las gallinas pusieran sus huevos: "Súbete al soberao a ver si la gallina puso".

***Tabaná:** Galletada. Golpe fuerte con la mano abierta que se propina en la cara a una persona: "Cuando me dijo eso le di una tabaná".

***Tajo**: Así se le llamaba a la carne en general o a cualquier pedazo o trozo de carne: "Me comí un tajo grande".

***Tapa Boca**: Golpe con la mano abierta que se le daba al muchacho por la boca cuando éste trataba de intervenir en conversaciones de adultos, cuando les protestaba a los adultos o cuando expresaba una palabra que no era apropiada para su edad: "Cállate si no quieres que te de'un tabapoca".

***Terina**: Palabra muy fina usada para denominar la ponchera, que era un envase mediano de aluminio o esmaltado con forma redonda, el cual era usado generalmente por las mujeres para sus aseos personales, para bañar a los bebés y/o para lavar los pañales de los pequeños: "La terina 'ta sucia".

***Teriquito**: Cuando se hacía un gesto con la cara y el cuerpo por algo de tomar o comer que era muy amargo, agrio o estaba demasiado frio: "Eso me da teriquito".

***Timacle**: Persona muy despierta y activa con mucha determinación y coraje para hacer cosas y lograr hazañas: Ese e'jun timacle".

***Tiñoso:** Persona muy tacaña: "Tú ere'un tiñoso".

***Toma que Lleva:** Un golpe que se le ofrecía al muchacho cuando se notaba que estaba empezando a portase mal, como advertencia para evitar que siguiera "pripoteando."

***Tonicón**: Golpe que se le pegaba al muchacho en cualquier parte superior del cuerpo cuando hacía algún tipo de travesura: "Mira muchacho, si sigues brincando te voy a dar un tonicón".

***Toto**: Nombre que se daba al órgano genital de la hembra. Vagina.

***Trompá:** Golpe fuerte con el puño cerrado que se pegaba por el cuerpo a otra persona: "Mientras se peleaban le pegó una trompá por la espalda".

***Tricar**: Criticar a una persona imitándola, generalmente con gestos de muescas y en forma de broma: "Déjate de tricar a otros".

***Truño**: Gesto en la cara para mostrar enojo por algo desagradable: "Ella amaneció hoy con truño…"

***Tuche:** Dejar a uno parado, estático y sin movimiento sin poder hacer algo: "Yo 'toy tuche".

***Túmbulo**: Mesa cubierta de sábanas o mantas blancas decoradas con cintas negras, donde se colocaba la imagen de un santo cualquiera rodeado de velas, frente a la cual se llevaba a cabo el rito de duelo de los "Nueve Días".

***Tutumpote**: Persona con un alto cargo en el gobierno o persona con mucho dinero: "Ese e'jun tutumpote".

***Vagaroso**: Muchacho que hacía travesuras que no eran mal intencionadas: "Mira ese vagaroso lo que hizo".

***Vale**: El documento comercial de mayor circulación en la época, el cual consistía en un pequeño escrito a mano en un pedazo de de papel cualquiera y firmado, que se daba a una persona para que lo presentara en una bodega o colmado y pudiera recibir mercancías y hasta dinero en efectivo. Dicho documento describía la cantidad de cada artículo o de dinero que podía ser entregada al portador. Un "vale" era una orden al portador cuya validez era equivalente a dinero en efectivo.

***Vide**: Pasado del verbo ver: "Yo la vide ayer".

b) Algunas Frases Comunes que Usaban mis Padres

***A Dios Rogando y con el Mazo Dando**: Cuando alguien hacía creer que quería que ocurriera algo bueno para otra persona, cuando en realidad quería que le ocurriera lo contrario: "Quien ve a éste, a Dios rogando y con el mazo dando".

***A Caballo Dao no se le Mira el Diente**: Lo que se recibe de regalo no se critica. Cuando se recibe algo de regalo que es menos de lo que se esperaba: "Mira que fue lo que me regaló".

***Agarrar la Burra por el Rabo**: Hacer alguna actividad de la cual se están recibiendo muy pocos beneficios de acuerdo al esfuerzo: "Lo que estoy haciendo es agarrando la burra por el rabo".

***A la Brigandina**: Hacer algo muy rápido y sin tener el debido cuidado y por tanto no quedaba bien: "Eso lo hicieron a la brigandina".

***Al Garete**: Apurar a alguien a hacer algo a la carrera o muy rápido: "Eso me tiene al garete".

***Al Salto 'e la Pulga**: Pedir a alguien que hiciera algo deprisa o que llegara muy pronto a un determinado lugar: "Tratas de venir al salto 'e la pulga".

***Animal de Bellota**: Muchacho o persona que no entendía o no sabía algo que estaba supuesto a entender a saber, o no interpretaba un mandato: "Te dije que no era así, animal de bellota".

***A Rajatablas**: Hacer algo o conseguir alguna cosa a la fuerza o haciendo un gran esfuerzo: "Pude conseguir esto a rajatablas".

***Atajar Pa'que Otro Enlace**: Hacer algo para ayudar a alguien a conseguir dinero u otra cosa, mientras el que ayuda recibe beneficios mínimos: "No voy a estar atajando pa'que otro enlace".

***Cabo de Año:** Período en el cual, al cumplirse cada año, se celebraba un ritual de duelo para conmemorar la muerte de un ser querido: "Mañana es el cabo de año de mi tía".

***Come Jaiba**: Persona que no trataba de hacer las cosas bien o era muy haragán. Persona que se comportaba de manera muy tonta o era muy lenta: "Ese no es más que un comejaibas".

***Comer Gallina**: Pareja de novios o enamorados sentados muy pegaditos uno al lado del otro: "Parece que están muy enamorados porque los ví anoche comiendo gallina".

***Comerse un Cable**: No estar trabajando ni conseguir dinero en ningún lado ni siquiera para comer: "Mi amigo se 'ta comiendo un cable".

***Como la Jon del Diablo**: Ir corriendo demasiado rápido: "No tuve tiempo de verlo porque iba como la jon del diablo".

***Con el Santo y la Limosna**: Engañar a una persona llevándose lo que le correspondía a él y lo que le correspondía al otro: "Se alzó con el santo y la limosna".

***Dar Bandazos:** Caminar o manejar un vehículo de un lado para otro o dar muchas vueltas mientras se hacen diligencias: "Me pasé la mañana entera dando bandazos".

***Dar Bola Negra:** No invitar a alguien que esperaba ser invitado a una actividad social: "No vino porque le dieron bola negra".

***Dar del Cuerpo:** Evacuar. Ir al baño. Hacer pupú: "Estaba dando del cuerpo".

***Dar Mente**: Convencer. Tratar de hacer cambiar de opinión a alguien: "Le 'ta dando mente a ver si puede conseguirla".

***Dar una Bola:** Llevar a alguien a algún lugar en un vehículo sin cobrarle: "Me cogió lo tarde porque no encontré quien me diera una bola".

***Dar un Boreo**: Visitar a alguien de manera breve: "Fui a su casa a dar un boreo".

***Dar Muelas**: Hablar mucho para tratar de convencer a alguien, especialmente cuando se está enamorando a una muchacha: "Le está dando muelas para conseguirla" .

***De la Noche a la Mañana**: Algo que ocurría o se construía en menos tiempo de lo esperado: "Esa casa la hicieron de la noche a la mañana".

***Donde el Maco tiene la Manteca:** Cuando alguien tenía la obligación de hacer algo y no lo hacía a tiempo: "Si no acabas de hacer eso pronto te voy a enseñar a dónde el maco tiene la manteca.

***Gato Encerrao o Gato entre Macuto**: Cuando se escondía algo que los demás sospechaban estaba ocurriendo o había pasado: "Ahí hay gato encerrao" o "Ahí hay gato entre macuto".

***Friendo y Comiendo**: Acción que se desarrollaba muy rápido cuando había que ejecutar dos actividades, una inmediatamente después de la otra: "El hace todo muy rápido, eso es friendo y comiendo".

***Fuñir la Paciencia**: Hacer o decir algo que molestaba a una persona: "A ese lo que le gusta es fuñir la paciencia".

***Hacer Esquina**: Rondar o esperar alrededor de una casa con interés de ver a alguien, especialmente cuando un hombre quería ver a una mujer o muchacha de quien estaba enamorado: "Ayer lo ví haciéndole esquina a la vecina".

***Hacer un Serrucho:** Recolectar dinero entre dos o más personas para comprar algo: "Vamos a hacer un serrucho pa' comprar un pote de ron".

***Hijo de Machepa**: Persona con mala suerte o más pobre que los demás: "Tú crees que yo soy el hijo de machepa".

***Interrumpir el Juicio:** Estorbar a alguien con comentarios que la otra persona no le interesa escuchar porque está pensando sobre algo y no quiere ser distraída: "Mira muchacho no me interrumpa el juicio".

***Jugo de China:** Jugo de naranja: "Esta mañana solo me bebí un jugo de china".

***Llevárselo el Diablo**: Pasar por una situación económica muy precaria y desesperada: "A ese se lo 'tá llevando el diablo".

***Llevándome Quien me Trajo**: Estar viviendo una situación con muchas limitaciones y precariedades por falta de dinero: "Me está llevando quien me trajo".

***Lo que Poco nos Cuesta Hagámoslo Fiesta**: Gastar rápidamente todo lo que se consigue sin hacer esfuerzos: "La semana pasada a ella le dieron $5,00.00 y ya no tiene ni'un chele".

***Negocio del Capa Perro**: Hacer un negocio en el cual se perdía dinero en vez de ganar: "Tú hiciste el negocio del capa perro". El negocio del capa perros era porque, a un hombre le pagaban $1.00 por capar o castrar a un perro y él tenía que pagar $2.00 a otro para que le sujetara el animal para poder castrarlo. Entonces, dónde estaba la ganancia? Respuesta: Quien castraba el perro tenía un pequeño secreto: vendía los testículos del perro a $2.00 cada uno y cobraba $1.00 por castrar el animal; al vender los dos testículos por $4.00 recibía un total de $5.00; pagaba $2.00 y entonces le quedaban $3.00 de ganancia.

***Ni Alsao ni Guardao**: Cuando se buscaba algo que se había guardado y no aparecía en ningún lado: "He buscado eso por todas partes y no aparece ni alsao ni guardao".

***Nueve Días**: Período de tiempo en el cual se llevaba a cabo un ritual de duelo durante los 9 días siguientes a la muerte de un pariente, empezando inmediatamente después del día en que se enterraba el cadáver: "El domingo son los 9 días del difunto".

***Pa' Pichón Mucho Voló**: Tratar de hacer mucho esfuerzo para Lograr conseguir o alcanzar algo que se pensaba nunca podría: "A penas pudo llegar en tercer lugar…. Pa' pichón mucho voló".

***Pelar el Ojo**: Advertencia que se hacía a alguien para indicarle que debería tener cuidado o estar vigilante por algo que podía pasar o estaba ocurriendo y la persona no se daba cuenta o no lo creía: "Pele el ojo con esa persona compadre".

***Ponerle el Palo al Cachimbo**: Expresión que se usaba como respuesta cuando se estaba esperando algo que no se estaba seguro se recibiría: "Aquí 'toy esperando a ver quien le pone el palo al cachimbo".

***Por la Maseta:** Algo que está muy bueno: "Eso está por la maseta".

***Retorcer la Puerca el Rabo**: Expresión para indicar que algo llegaba a un punto difícil de resolver: "Cuando no puedas llegar a tiempo, ahí es que la puerca retuerce el rabo".

***Sacar Chivo**: Hacer trampas llevando la respuesta escrita para pasar un examen: "El pasó el examen sacando chivos".

***Sacar una Gata a Mear**: Cuando una persona no era capaz de hacer algo, conseguir alguna cosa, o resolver una situación por sencilla que fuera: "Ese no saca una gata a mear".

***Sin Pito y sin Flauta:** Perder dos cosas cuando se tenía una asegurada y se esperaba conseguirlas las dos: "Por estar de agallú se quedó sin pito y sin flauta".

***Sobre Salto:** Latidos que se sienten en el estómago a causa de un presentimiento de algo que se tiene la sensación puede pasar, o de una preocupación: "Hoy amenecí con un sobre salto".

***Tener a Dios Agarrado por el Rabo**: Cuando alguien se creía haber conseguido algo muy importante y hacía alarde de ello: "Ella cree que tiene a Dios agarrao por el rabo".

***Tirarse Fotos**: Tomarse fotos. Retratarse: "Me tiré una foto con ella".

***'Toy Partío o en Prángana:** Cuando alguien no tenía dinero o estaba pasando por una muy mala situación económica: "Ahora no puedo comprarlo porque 'toy partío" o "'toy en prángana".

c) <u>Algunos Juegos que eran Nuestros Entretenimientos</u>

***Apara y Batea**: Uno bateaba la pelota hasta que otro la aparara: "Vamos a jugar al apara y batea".

***Arroz con Leche**: Juego que jugaban las niñas a manera de cantar: "♪ ♫ Arroz con leche se quiere casar, con una viudita de la capital, que sepa tejer, que sepa bordar, que ponga la aguja en su mismo lugar♪ ♫".

***Brincar la Tablita**: Consistía en dar saltos con una cuerda: "♪ ♫ Brinca la tablita ya yo la brinqué… bríncala tú ahora ya yo me cansé♪ ♫".

***Capú y no te Abajes**: Tumbarle algo de comer o algún juguete que otro tenía en sus manos para quitárselo y le decía: "Capú y no te abajes".

***Chichigua**: Papalote. Debido a que en ese tiempo todo era extremadamente escaso, los niños teníamos que ingeniárnosla para fabricar nuestros propios juguetes. Por ejemplo, la chichigua la construíamos con papel de fundas marrón y el pendón de la flor de caña: "Mi papá nos dio una pela a mi hermano Negro y a mí porque nos encontró un domingo en el patio volando una chichigua que habíamos fabricado".

***Goma de Bicicleta**: Se tomaba una goma vieja de bicicleta y se corría al lado de la goma dándole constantemente con un palo pequeño para hacerla girar al compás de nosotros: "Vamos a jugar goma".

***Goma de Carro**: Se tomaba una goma vieja de carro y se le colocaban 2 palos finos largos en el centro y se le ponía grasa para empujarla y correr detrás de la misma: "Vamos a jugar goma".

***Juego de Yas**: Juego muy popular entre las niñas que consistía en diez piecesitas de metal en forma de estrellas acompañadas con una pequeña pelota de goma. Este juego se jugaba en el piso recogiendo 1, 2, 3, ó más piecesitas mientras se dejaba saltar la pelotita para apararla antes de que tocara el suelo de nuevo: "Se pasó la mañana jugando yas".

***Jugar al Econdío o al Escondido**: Salir corriendo y esconderse detrás de un árbol, arbusto, puerta o pared hasta que el otro lo encontrara. Esto se repetía hasta que los participantes se cansaban; esto podía hacerse entre dos o más niños: "A que no me hayas".

***Jugar al Topao**: Tocar a alguien con la mano y salir corriendo para que el otro alcanzara a uno hasta que lo tocara: "Yo te topé primero".

***Mi Nombre es María**: Cantito que entonaba un grupo de 3 ó 4 niñas para entretenerse: "♫ Mi nombre es maría y el mio fifí y yo no tengo nombre porque soy una infeliz♪ ♫".

***Ponte y Meneo**: Expresión usada cuando se estaba jugando bolas o bellugas para indicarle al contrario que era válido tanto pegarle a la belluga del contrario como hacer que se moviera si le pasaba cerca y se movía: "Ponte y meneo".

***Trúcalo**: Varios cuadrados marcados o pintados en el suelo para tirarle un objeto de forma achatada y brincar de un cuadrado a otro hasta llegar al cuadro principal que era la cabeza: "Vamos a jugar trúcalo".

***Zumbadora:** Tapa de botella de refresco bien aplanada a la cual se le hacían dos pequeños orificios para pasarle un hilo y unirlo para darle vueltas con las dos manos y luego desenrollarlo.

d) Algunas Enfermedades, Medicamentos y Remedios Caseros Que se Usaban

A continuación mencionamos algunas de las enfermedades, malestares y medicamentos que recordamos eran más comúnmente usados en la época. Los medicamentos también eran conocidos como "remedios" (remedios caseros) e incluían los siguientes:

***Ajito.** Cuando un niño tenía un malestar o infección en los intestinos o el estómago y duraba varios días sin poder comer bien: "Ese muchacho está ajito".

***Ahogo**: Asma. Congestión en el pecho. Enfermedad que afecta mayormente a los niños, aunque muchos adultos hoy día también sufren de esta enfermedad.

***Alferecía**: Espasmo. Convulsión producida por un susto repentino más frecuente en los niños:

"Fue tan grande el susto que le atacó alferecía".

***Anamú**: El té de esta planta medicinal se usaba para calmar malestares de estómago ligeros. La hoja de anamú también podía exponerse brevemente en el fuego y luego ponérsela en la frente para aliviar el dolor de cabeza: "Se me alivió el dolor de cabeza con la hoja de anamú".

***Apazote o Epazote**: Hoja medicinal que se usaba para mejorar cualquier malestar estomacal o para controlar los parásitos en los niños: Se mejoró con un té de apazote que le di".

***Atebrina**: Píldora de color amarillo y con sabor muy amargo usada para calmar la fiebre alta: "Tuve que beberme una atebrina".

***Bebedizo**: Bebida preparada con diferentes ingredientes que incluían raíces de algunos arbustos y árboles, algunas yerbas y hojas de plantas medicinales. Su uso era casi exclusivo para mujeres quienes habían dado aluz. Esto era preparado por curanderas o curanderos, que eran personas que supuestamente tenían suficientes conocimientos y experiencia en asuntos de medicinas naturales.

***Brebaje**: Conjunto de ingredientes con los cuales se preparaba un té cualquiera o un bebedizo.

***Calentura**: Se decía que una persona tenía "calentura" cuando mostraba signos de tener fiebre: "Anoche no pudo ir porque tenía calentura".

***Churria**: Diarrea: "Por estar comiendo chicharrón me dio churria".

***Coger un Viento:** Dolor en el cuello o en otra parte del cuerpo producido por un movimiento brusco: "Anoche cogí un viento en la espalda".

***Colerín**: Enfermedad infantil muy peligrosa que consistía en vómitos y diarrea continuos, a causa de la cual morían muchos niños: "Mi hijo murió de colerín".

***Creolina**: Era comúnmente usada para desinfectar heridas en personas y animales y también para eliminar los gusanos en las heridas de los animales. En algunos casos era usada como desinfectante ambiental: "Le tuvo que echar creolina para quitarle el bajo".

***Curandero(a)**: Persona quien creía tener facultades para curar. Esta persona era quien preparaba los bebedizos o botellas y también recomendaba ciertos medicamentos para curar: "esa botella me la preparó, José el Curandero".

***Decolorío o Pánfiro**: Persona que mostraba signos de salud muy débil en su rostro: "Ese muchacho si'ta decolorío".

***Derrengarse - Derrengao:** Sufrir un dolor muy fuerte en la espalda por llevar una carga muy pesada: "Ese saco lleno de café me tiene derrengao".

***Empacho**: Cuando la comida no hacía la digestión normal y se sentía malestar en el estómago durante varios días: "Ese muchacho lo que tiene es un empacho".

***Ensalmo**: Especie de oración que una persona quien se atribuía estar dotado de ciertos "poderes curativos", señalando cruces con sus dedos en la parte afectada del cuerpo de otra persona, podía curar cualquier maleficio, dolor, hinchazón o padecimiento en la persona, ya fuera causado por actos de brujerías, superstición o cualquier otra causa: "Con el ensalmo que le dio el curandero se le desapareció el malestar".

***Gas Detrás de las Orejas:** Era aplicado a las personas detrás de las orejas como un método para prevenir el pasmo o espasmo cuando la persona se exponía al calor del fuego y debía salir de inmediato, cuando la temperatura estaba fresca o el clima estaba lluvioso: "Ponle gas detrás de la oreja para que no se pasme".

***Guachipa o Aradores**: Pequeño parásito en la piel que producía irritación severa y mucha comezón: "Ese muchacho parece que tiene guachipas".

***Guajaba**: Hoja medicinal de planta la cual era usada para hacer té e ingerirlo para aliviar males estomacales; también se les daba a los niños para combatir los parásitos y lombrices".

***Halar o Arrancar el Agito o Ahíto**: La cura para este malestar era bastante dolorosa y desagradable porque, la persona que curaba el "ajito" o "ahíto" acostaba al niño boca abajo en sus piernas y empezaba a halarle con fuerza los cueritos del espinazo hasta que se producía un sonido. Eso sí, ese tratamiento era muy efectivo: "Tan pronto le arrancaron el ajito se sanó".

***Hoja de Naranja**: El té de la hoja de naranja era muy efectivo para mejorar los síntomas de gripe(a) o para calmar la fiebre y dolores de cabeza: "Tengo fiebre; necesito un té de naranja".

***La Gota**: Ataque de epilepsia: "A esa muchacha le da la gota".

***Mal de Ojo**: Admiración de manera asombrosa sobre un recién nacido que expresaban algunas personas, lo cual se creía con cierta certeza que causaba fiebre alta, espasmos u otro malestar repentino sin causa aparente en el bebé. Para prevenir que al niño le hicieran mal de ojo se recomendaba se le colocara un azabache en la muñeca del bebé: "A ese niño le hicieron mal de ojo".

***Muermo**: Especie de asma. Malestar que producía en los niños un tipo de congestión nasal y en el pecho, que les dificultaba la respiración: "Parece que ese niño tiene muermo".

***Orégano**: El orégano regular de comer podía ser usado también para preparar té e ingerirlo para mejorar cualquier malestar estomacal ligero: "Necesito un té de orégano".

***Orégano Poleo**: El té de esta hoja combinado con el orégano de comer era usado para malestar estomacal ligero: "Hazle un té de orégano poleo".

***Padrejón:** Malestar severo en el estomago que dificultaba la respiración y causaba náuseas y vómitos, como consecuencia de haber tomado mucho alcohol o por cualquier otra causa: "Hay que hacerle un ensalmo porque ese malestar es el padrejón".

***Percepitey**: Líquido de color rojizo utilizado para combatir los piojos. Su olor era bastante desagradable. No podía ingerirse porque era venenoso: "El percepitey es bueno para piojos".

***Purgante de Higuereta:** Era usado para erradicar parásitos y lombrices en niños y adultos. También se mezclaba con café amargo como un antigripal: "Un purgante de higuereta".

***Purgante de Tiro Seguro**: Este purgante generalmente se administraba a los niños mayores de 7 a 8 años de edad para eliminar completamente las lombrices. Era un aceite con sabor amargo y muy desagradable. Los efectos eran devastadores; los dolores de barriga eran constantes y la sensación de ir al baño no paraba. Peor aún, quien tomaba este purgante tenía que pasar el día completo sin ingerir ningún tipo de alimento sólido. Apenas podía tomar agua de azúcar.

***Sapo o Sapito**: Infección dentro de la boca de un niño. Para curar esta infección era suficiente que una persona "calificada" soplara la boca del niño. Según las creencias, para que el procedimiento surtiera efectos positivos, la persona tenía que ser alguien quien no conoció a su propia mamá.

***Saratín, Saranana**: Raquiña. Piquiña. Irritación o erupción en la piel que producía comezón. Salpullido: "Ese muchacho tiene un saratín" o "tiene saranana".

***Sén**: Hoja medicinal con la cual se preparaba una especie de laxante y era el remedio más eficaz para combatir los parásitos en los niños.

***Sén con Cañafístola y Leche de Coco**: Al mezclar y hervir estos ingredientes se obtenía un purgante que se daba a niños y adultos para curar malestares estomacales y/o intestinales severos, producto de un "empacho". Su sabor era agradable pero sus efectos resultaban muy incómodos, ya que producían un dolor tremendo en los intestinos o "dolor de barriga".

***Tisana**: Té. Cualquier tipo de té que se preparaba usando hojas de diferentes plantas medicinales y/o algunas raíces. La tisana podía ser usada para combatir resfriados, gripes, fiebres, malestares estomacales, etc: Hazle una tisana para que se sane".

***Tisis**: Tuberculosis. Cuando una persona se mantenía muy delgado durante cierto tiempo se creía que tenía tisis: "Mi compadre está tísico o tiene tisis".

***Trabo**: Enfermedad infantil que causaba la muerte de muchos niños, la cual consistía en una obstrucción en la garganta del pequeño y le impedía que pudiera ingerir alimentos y dificultaba la respiración: "El hijo de mi comadre murió de trabo".

***Tua Túa**: Planta medicinal cuya hoja se usaba para preparar un té que solía mejorar un síntoma de fiebre ligero: "dale un té de tua túa pa'que se alivie".

***Ventosa:** Tratamiento que se aplicaba a una persona para curarla cuando cogía un viento en la espalda o la cintura. Para este procedimiento se usaba un vaso colocando un pedazo de papel encendido dentro del vaso para extraerle el oxígeno de su interior y colocar de inmediato el vaso en la parte afectada: "Anoche me pusieron una ventosa y me siento mucho mejor".

e) Palabras en "Inglés" que Usaron mis Padres

***Brigandina:** El uso de esta palabra, creemos que quizás se refería al nombre de alguna compañía que pudo haber existido bajo el nombre de Bridge Andina, la cual talvez fuera contratada por nuestro país para ejecutar alguna obra y la hizo muy rápido y de no muy buena calidad: "Eso fue hecho a la brigandina".

***E'Nijao:** Supongo que el significado de esta expresión era el equivalente en inglés a: Anyhow (de cualquier manera) porque era usada para expresar que algo ocurriría de cualquier manera. "eso 'e nijao que pasará".

***Güépere:** Esta palabra tenía el significado de Huesped o Huéspede porque específicamente se refería a cuando una mariposa entraba a la casa anunciando la visita de alguien. "Mira, entró un güépere, de seguro hoy viene visita para la casa".

***Yip o Yipe:** Jeep. Vehículo de utilidad deportiva (SUV). "Dicen que Trujillo acostumbraba visitar lugares en un yipe".

PARTE III

EL INSTITUTO COMERCIAL "PONCIANO"

Este era el Frente del Local que Alojó el
Instituto Comercial Ponciano

Preámbulo

Esta parte de la presente obra tiene por finalidad detallar, paso por paso, la inquietud única que despertó en mi mente la motivación para la creación, establecimiento y desarrollo de la institución docente técnico-vocacional bajo el nombre de Instituto Comercial "PONCIANO", fundado el 1ro. de abril del año 1971, así como los obstáculos que tuve que vencer para que, años más tarde, este Instituto pudiera afianzarse como un prestigioso e indispensable centro educativo para la juventud del pueblo de Sabana Grande de Boyá y lugares aledaños.

Introducción

El Instituto Comercial "PONCIANO" fue una exitosa institución privada de enseñanza técnico-vocacional establecida el día 1ro. de abril del año 1971 en el pueblo de Sabana Grande de Boyá, la cual sirvió como vía principal para abrir las puertas del desarrollo y éxito profesional a un gran número de jóvenes, no solamente residentes en esta humilde comunidad, sino también en lugares aledaños como: Batey San Pedro, Batey Cojobal, Batey Juan Sánchez, Batey Enriquillo, Batey Gonzalo y otros.

Con toda modestia me atrevo a afirmar que el Instituto Comercial "PONCIANO" también contribuyó con el hecho importante de despertar el interés por la educación entre muchos padres quienes, quizás para ese tiempo, habían abandonado la idea de que sus hijos pudieran alcanzar una educación a nivel universitaria porque pensaban que no tendrían las mínimas posibilidades de enviar sus hijos a la capital (Santo Domingo) para que pudieran ingresar a la universidad, una vez terminaran sus estudios secundarios, debido a sus escasos recursos económicos y a la falta de oportunidades que existían en la época para la mayoría de los habitantes del pueblo de Sabana Grande de Boyá.

Es así como el surgimiento de este Instituto llega como un rayo de esperanza para iluminar la mente de aquellos padres, forjándoles así la idea de que sus hijos pudieran aprender una carrera técnica de corta duración, la cual luego les permitiría trasladarse a la capital, conseguir un empleo y costear ellos mismos sus estudios superiores.

Esto se convirtió en un hecho efectivo y una realidad para muchos de esos jóvenes para quienes, sin la existencia del Instituto Comercial "PONCIANO", no les habría sido posible alcanzar una educación a nivel universitaria y así lograr convertirse en profesionales muy exitosos, habiendo tenido muchos de ellos la oportunidad de ocupar posiciones importantes en áreas del sector público como privado, cosechando y disfrutando así la dulzura de los frutos de aquel pequeño, pero significativo árbol que plantaron en años anteriores.

El mayor reconocimiento que se puede a alguien dar
Es la satisfacción por el aporte que se haga a los demás

1966 – Sabana Grande de Boyá

Mi Primer Empleo en una Oficina

En febrero del año 1966 tuve la "suerte" de obtener mi primer empleo como encargado de oficina en la Federación Nacional de Trabajadores de la Caña, cuyo local estaba ubicado en la calle Enriquillo No. 5 del pueblo de Sabana Grande de Boyá. A esta organización estaban afiliados los trabajadores cañeros pertenecientes a las colonias que correspondían al Ingenio Río Haina, en Haina. Dos años más tarde la Federación se convirtió en el Sindicato de Trabajadores del Ingenio Río Haina (STIRHA).

Digo que tuve "suerte" por considerar que es la palabra más apropiada para describir la manera de como conseguí dicho empleo porque para ese tiempo yo: 1) Apenas había completado los estudios primarios; no sabía cómo se manejaba una máquina de escribir. 2) No tenía el mínimo conocimiento del funcionamiento de las labores en una oficina. 3) No conocía ninguna persona que estuviera relacionada a esa organización sindical. 4) Tampoco me había enterado de esa posición vacante en la Federación.

Me decía un amigo que la suerte se da simplemente: "Cuando la Inteligencia y la Oportunidad se Juntan"

Me enteré de la posición por mi hermano Joaquín Ponceano (Negro) quien trabajaba en la caña y era miembro del sindicato y me sugirió hablar con el Secretario General de la Federación, señor Luís Caridad, porque escuchó un comentario que necesitaban una persona para ocupar una vacante. Debido a que no conocía al señor Caridad, Negro me dijo quien era esa persona y que solamente venía al pueblo los jueves en la tarde. Con los detalles que me dio fueron suficientes para identificarlo.

Navegando en un mar de nervios y con voz temblorosa y casi ahogada por la timidez, una tarde logré acercarme a este señor para plantearle mi interés por el empleo; él me explicó que el requisito básico que se necesitaba para ocupar la posición era ser mecanógrafo. Entonces le respondí que yo no lo era, pero que sí sabía escribir a máquina (algo que no era verdad) y que tenía mucho interés por el empleo porque lo necesitaba.

El señor Caridad me dio instrucciones para que me presentara a la oficina de la Federación y conversara con el señor Viano Azcona, quien era el actual encargado y quien muy pronto dejaría el puesto. Al día siguiente me presenté donde el señor Azcona y le informé sobre mi conversación con el señor Luís Caridad. Inmediatamente me instruyó y me pidió que viniera a la oficina todos los días para empezar el entrenamiento que necesitaba.

El señor Azcona me explicó que debía escribir una carta a máquina para solicitar el empleo y me mostró algunas copias de cartas del archivo para que me guiara. Con cierta timidez le pedí que me enseñara el funcionamiento de la máquina de escribir para poder hacer la carta.

En ocasiones el señor Azcona me dejaba solo en la oficina mientras él salía a realizar algunos pendientes, tiempo que yo aprovechaba al máximo para familiarizarme con la máquina de escribir y revisar copias de cartas del archivo, hasta que finalmente pude escribir la carta que serviría de prueba para obtener el empleo. Debo reconocer que esta carta no tuvo la presentación que debía tener; sin embargo, fue tomada en cuenta para que me dieran el empleo.

Tan pronto me designaron en la posición me dispuse a aprender mecanografía por cuenta propia, pasando así varias horas al día escribiendo en la máquina, practicando la escritura de cartas y familiarizándome con el archivo, tratando de aprender todo cuanto pudiera en el menor tiempo posible.

Para el año 1967 abrió sus puertas un instituto de mecanografía en el pueblo de Sabana Grande de Boyá, el cual estaba ubicado frente al parque municipal. Aunque sentía un gran interés de empezar a estudiar en ese centro de estudios porque sabía que lo necesitaba, no me era posible porque solamente funcionaba en horario laborable durante el día.

Debido a mi gran interés por aprender mecanografía, lo que hacía entonces era esperar a un joven estudiante de ese instituto cuyo nombre era Gerardo y pasaba todos los días por el frente de la oficina donde yo trabajaba, para pedirle que me permitiera ver el método de mecanografía para revisar la posición correcta de colocar los dedos sobre el teclado en la máquina de escribir y la forma de hacer los ejercicios.

Fue así como, sin las instrucciones de un profesor y por cuenta propia, poco a poco empecé a dominar el teclado hasta llegar a perfeccionar mis habilidades, adquiriendo rapidez y conocimientos suficientes hasta que, más adelante decidí tomar mis primeros exámenes como estudiante de mecanografía en la Academia Comercial Duarte, en la Capital.

Pedro Ponceano tratando de perfeccionar
sus habilidades mecanográficas

Al hacer el esfuerzo necesario para conseguir lo que quieres
Te aseguro que a su tiempo, pronto verás que lo tienes.

1970 – 1971 – Sabana Grande de Boyá

Acueducto INAPA y el Instituto Comercial 'PONCIANO"

En el año 1970 se inicia la construcción del acueducto en el pueblo de Sabana Grande de Boyá. En su etapa final de construcción a principios del 1971, los encargados del proyecto empiezan a buscar una persona para ocupar el cargo de secretaria para la oficina del INAPA.

La mayor tristeza y enorme sorpresa que recibí fue enterarme de que en el pueblo no aparecía una joven calificada para ocupar la posición de secretaria, por lo que las personas encargadas de dicho proyecto estaban contemplando la posibilidad de traer alguien capacitado desde la ciudad de Monte Plata.

Ante las gestiones de las autoridades del pueblo y quizás por razones de vergüenza, finalmente se decidieron por darle la oportunidad a una joven residente en Sabana Grande de Boyá, quien aparentemente contaba con algunos conocimientos en asuntos de oficina y tenía una gran disposición y entusiasmo por aprender todo cuanto fuera necesario y tan pronto como le fuera posible. El nombre de esta joven era Agustina Santana.

Hay cosas negativas que nos pasan al principio
Que al final son positivas para nuestro beneficio

1971 – Sabana Grande de Boyá

Origen del Instituto Comercial "PONCIANO"

La situación que acabo de comentar me conmovió y generó en mi interior una gran preocupación al estar consciente que en mi pueblo existía un número considerable de jóvenes de ambos sexos, entusiastas y con deseos inmensos de trabajar, por lo que consideraba no era necesario traer a alguien desde Monte Plata para ocupar una simple posición de secretaria para una oficina en Sabana Grande de Boyá.

Este evento fue lo suficientemente fuerte y determinante para que de pronto mi mente se iluminara y naciera aquella humilde, hermosa e importante idea de pensar en algo que contribuyera al desarrollo de la juventud de mi querido pueblo, despertando en mí la iniciativa para establecer un centro de formación técnico-vocacional, con el firme y decidido propósito de evitar la repetición de una situación similar en el pueblo.

Esto sirvió también para darme cuenta de que, si no se hacía algo, la mayoría de los jóvenes del pueblo estábamos expuestos a no poder aprovechar el más preciado tiempo de nuestra juventud debido a las escasas oportunidades que existían en el pueblo y por tanto, continuaríamos alejándonos de las posibilidades para encontrar el camino de la superación al perseguir una carrera profesional que más tarde nos serviría para alcanzar un futuro mejor y poder ver nuestros sueños convertidos en realidad.

Es así como empiezo a organizar mis ideas para llegar a la conclusión que, realmente lo que hacía falta era un centro educativo de formación técnica al alcance de todos, donde los jóvenes del pueblo tuvieran la oportunidad y posibilidad de capacitarse en áreas técnico-vocacionales, donde se ofrecieran cursos de mecanografía, técnicas de oficina, taquigrafía, archivo, matemática mercantil, contabilidad básica, secretariado auxiliar, secretariado ejecutivo, relaciones humanas y cajero bancario, entre otros.

"La Juventud Ociosa
Ocasiona la Vejez Trabajosa"

1971 – Sabana Grande de Boyá.

Fundación del Instituto Comercial "PONCIANO"

El Sindicato de Trabajadores del Ingenio Río Haina (STIRHA) tenía un amplio local situado en la Calle Enriquillo No. 5 en Sabana Grande de Boyá, cuyo espacio usaban algunos dirigentes sindicales en muchas ocasiones como club para jugar dominós en su tiempo libre. La antigua edificación estaba situada en un lugar estratégico en el centro del pueblo y permanecía prácticamente vacía la mayor parte del tiempo, solamente con un par de escritorios, algunas sillas y un teléfono antiguo colocado en la pared; en escasas ocasiones se ocupaba a toda capacidad, como por ejemplo para la celebración de la asamblea general del sindicato cada año.

Debido al tiempo que llevaba trabajando en el sindicato, mis relaciones laborales se habían afianzado con la dirigencia de STIRHA por lo que, el primer paso que dí fue que me atreví a jugármela y hacerle una atrevida propuesta al secretario general del sindicato. Me sentía muy seguro de lo que deseaba aunque tenía cierta duda de que su reacción pudiera afectarme en el empleo. Una tarde de un jueves lo vi llegar después de esperarlo todo el día; saludó sonriente a los presentes y pensé en mi interior "este es mi día". El señor Ramón Feliciano era el Secretario General del Sindicato.

Aun embargado por la timidez me armé de valor y asomé la cabeza a su oficina y le dije: "Señor Feliciano, quiero presentarle una idea: me parece que podríamos usar este espacio para algo más útil y productivo".

Una mirada profunda salió de sus ojos y con asombro y voz firme me contestó: "¿De qué tú me hablas muchacho?" El argumento que utilicé para convencerlo fue señalándole los beneficios que se obtendrían, si en lugar de tener un salón para jugar dominós pudiéramos usar ese mismo salón como un centro educativo donde los hijos de los trabajadores que formaban el sindicato tuvieran la oportunidad de estudiar y prepararse en una carrera técnica y a la vez pudieran ayudar a sus padres.

¡Bingo! Al señor Feliciano le agradó mucho la idea y fue así como él, junto a los demás dirigentes del sindicato de trabajadores estubieron de acuerdo con mi petición y obtuve su aprobación para permitirme usar el local del sindicato para un salón de clases. De inmediato empecé a hacer las gestiones necesarias y comprar equipos, material educativo y a ponerme en contacto con algunas personas quienes pensé podrían ayudarme en esta productiva tarea, obviando los comentarios negativos de quienes, por experiencias propias, habían visto el fracaso de tres (3) institutos de mecanografía que anteriormente se habían establecido en el pueblo de Sabana Grande de Boyá, pero ninguno había tenido éxito.

Es así como, lleno de entusiasmo, valor, con mente positiva y absoluta confianza en mí, el 1ro. de Abril del año 1971 queda establecido oficialmente el Instituto Comercial "PONCIANO", ubicado en la Calle Enriquillo No. 5, en Sabana Grande de Boyá, con 3 máquinas de escribir, 3 sillas y un pequeño escritorio.

Primero tienes que convencerte a tí mismo
Antes de que puedas convencer a tu vecino

Ultimo vestigio del local que ocupó el
Instituto Comercial 'PONCIANO"

1971 – Sabana Grande de Boyá.

Primeros Equipos del Instituto

a) Máquinas de Escribir:

Las primeras máquinas de escribir que usamos en el Instituto eran de las marcas, Underwood, Wonderwood Five, Remington, Royal y Olimpia.

b) El Mimeógrafo:

El mimeógrafo era un equipo que operaba con una tinta y papel especial y hacía las funciones de una pequeña imprenta. El mismo estaba formado por un rodillo de tamaño mediano colocado sobre una base de metal con engranaje y consistía en: a) un cilindro donde se colocaba en todo su alrededor el papel mimeógrafo ya escrito; b) un recipiente acoplado dentro del cilindro donde se depositaba la tinta que impregnaría el papel; c) una bandeja para colocar el papel en el cual se quería obtener el material impreso; d) un mango o manigueta en forma de "L" por donde se operaba manualmente el cilindro que daba vueltas y retiraba cada copia de papel por separado.

Este equipo era utilizado por la mayoría de las empresas en el país y era el que utilizábamos para imprimir y reproducir los exámenes, los cuales tenían que ser escritos con mucho cuidado en unas hojas de un material especial conocido como "papel mimeógrafo" y así podíamos reproducir la cantidad de copias deseadas para cada asignatura.

c) Pupitres, Mesas y Sillas para Mecanografía:

Los primeros asientos que usamos para los estudiantes del Instituto consistieron en unos bancos de madera que ordenamos construír donde un ebanista (Chichí el ebanista), similares a los que se usaban en las escuelas públicas del país, diseñados para acomodar dos estudiantes en cada pupitre. Las sillas y mesas para mecanografía también fueron originalmente construídas en madera, las cuales resultaban duras e incómodas para los estudiantes.

Años más tarde tanto las sillas como las mesas fueron sustituídas por otras más modernas diseñadas con base de metal y forradas con un material que se conocía como formica. Este nuevo mobiliario imprimió un toque de delicadeza y belleza al centro de estudios comerciales y resultaba mucho más cómodo a los estudiantes.

1971 – Sabana Grande de Boyá.

Primeros Estudiantes del Instituto

La primera persona que se inscribió como estudiante en el Instituto Comercial "PONCIANO" fue la joven Santa Anastasio, quien estuvo aistiendo como única estudiante por un periodo aproximado de un mes. Luego le siguió Ramón Caridad y el talentoso joven Angel Mejía, este último merecedor de una beca para estudiar en el Instituto, por ser la persona quien diseñó el emblema que identificaba la institución docente. Dicho emblema aparecería impreso sobre un sello dorado que se colocaría en todos los diplomas emitidos por el Instituto, con una frase que se leía: " Vivir no solo por vivir sino para vivir"

En poco tiempo empezaron a llegar otros estudiantes para iniciar sus estudios allí, entre los que recordamos a Arturo Nicasio, Manuel Ramón Medina (Momón) y Diego Herrera Castro, entre otros.

La cuota para ingresar como estudiante originalmente era de RD$3.00 pesos mensuales y cada uno tenía que comprar el papel que utilizaría para sus ejercicios de mecanografía. La Dirección se los vendía a razón de 2 hojas de papel por 1 centavo. Aunque el Instituto les proporcionaba el método para los ejercicios, cada estudiante debía adquirir el suyo propio, de manera que pudiera familiarizarse con los ejercicios. Después de varios años la cuota fue aumentada para pagar RD$3.50 cada mes.

Cada estudiante recibía un período de 1 hora diaria para sus prácticas de mecanografía, lo que incluía conocimiento del teclado, agilidad en la lectura de los ejercicios, rapidez al escribir, así como el funcionamiento de la máquina. Para el primer nivel usábamos el Método de Mecanografía "Sorrelle." Al completarlo, el estudiante estaba en capacidad de alcanzar una velocidad mínima de 50 palabras por minuto.

Ejemplo de estudiante del Instituto haciendo
sus ejercicios de velocidad

1971 – Sabana Grande de Boyá.

Becados del Ayuntamiento Municipal

El segundo paso importante que dí para asegurar la existencia del Instituto Comercial "PONCIANO" fue, acercarme al encargado del Ayuntamiento Municipal, el señor Pedro Rojas, para solicitarle su apoyo económico a través del otorgamiento de becas para jóvenes de escasos recursos del pueblo.

A pesar del reducido presupuesto que recibía el ayuntamiento por concepto de la Ley 140 (subsidios adicionales), el señor Rojas siempre se empeñó en ofrecer apoyo a la juventud sabanaboyaense y decidió establecer un fondo para becas con una asignación fija de treinta pesos mensuales (RD$30.00), lo que significaba el equivalente para cubrir un total de diez (10) becas para jóvenes del pueblo.

Es oportuno otorgar méritos al Ayuntamiento Municipal y a su encargado de turno, Pedro Rojas y reconocer que este valioso aporte contribuyó con la base económica inicial para los comienzos del

Instituto Comercial "PONCIANO". Dichas becas eran asignadas a los estudiantes directamente por el Ayuntamiento, para lo cual las autoridades municipales evaluaban a los prospectos beneficiarios, tomando en cuenta sus planes ambiciosos de superación, ser de una familia de bajos o escasos recursos económicos y que tuvieran la posibilidad de convertirse en elementos productivos para el joven municipio de Sabana Grande de Boyá.

Si buscas la ayuda requerida cuando tú la necesitas
Es posible conseguirla siempre que no te resistas

1971 – Sabana Grande de Boyá.

Becados del sindicato STIRHA

Otro paso de gran importancia para afianzar la estabilidad económica y el desarrollo del Instituto Comercial "PONCIANO" fue, conseguir con el Ingenio Río Haina por medio de un Pacto Colectivo de Condiciones de Trabajo firmado a través del Sindicato de Trabajadores del Ingenio Rio Haina (STIRHA), una asignación de cien pesos mensuales (RD$100.00), lo cual sería el equivalente a treinta (30) becas para ser otorgadas a hijos de trabajadores de la caña, como una conquista más y un beneficio adicional para los trabajadores miembros del Sindicato.

El señor Ramón Feliciano como secretario general del Sindicato se convirtió en la persona clave para este logro tan importante, tanto para el propio sindicato STIRHA como para los trabajadores, así como para el Instituto.

Cuando estás dispuesto a ayudar a otros en el camino
La satisfacción que recibes es el mayor beneficio para tí mismo

1971 - Santo Domingo "El Show del Medio Día"

Participación de Estudiantes del Instituto en Concurso de Mecanografía

En este año el Show del Medio Día, del Canal Color Visión en la capital, organizó un Concurso de Mecanografía en busca del mecanógrafo con mayor rapidez. Ya habían pasado varias semanas después de haber empezado el concurso cuando me enteré; sin embargo, de todas maneras decidí presentarme al Show del Medio Día para participar en dicho concurso y llevé conmigo a mis dos mejores estudiantes de mecanografía, los jóvenes Arturo Nicasio y Ramón Medina (Momón).

A pesar de haber transcurrido varias semanas nos permitieron participar en el concurso. No pudimos ser considerados para el primer lugar puesto que ya habían descalificado a algunos concursantes y esa era ya la última oportunidad, razón por la cual es probable que no consideraran nuestra participación para los fines del concurso, pero al menos nos dieron la oportunidad de presentarnos en televisión para participar en representación del Instituto Comercial "PONCIANO."

Fue un importante paso para la institución académica, ya que al presentarse en ese programa, trascendió a nivel nacional y los participantes alcanzamos esa proyección.

Nunca seas pesimista ni te cierre las puertas diciendo que no. Inténtalo siempre, ten confianza en tí y la fe puesta en Dios

1971 – Sabana Grande de Boyá.

Reconocimiento Oficial del Instituto

Es oportuno señalar que durante los primeros meses de su establecimiento, el Instituto Comercial "PONCIANO" todavía no había obtenido el reconocimiento oficial de la Secretaría de Estado de Educación (como se llamaba el hoy Ministerio de Educación). La razón era que aún yo no contaba con el principal requisito que exigía la institución, que consistía en la obtención del título que me acreditara como mecanógrafo, por lo que decidí ponerme en contacto con un instituto en la capital, la "Academia Comercial Duarte", que estaba ubicada en la calle Albert Thomas, en Santo Domingo.

Al explicarle mis propósitos y mi situación a la directora de dicha Academia, ella entendió y me permitió tomar los primeros exámenes, junto con mis primeros cuatro estudiantes: Arturo Nicasio, Alfredo (Alfredito), Manuel Ramón Medina (Momón) y Diego Herrera Castro, quienes también contaban con la preparación requerida para tomar las pruebas correspondientes al primer nivel de mecanografía con sus otras asignaturas de base.

La directora también me permitió tomar los exámenes finales para graduarme en su Academia donde, en julio de 1971 pude obtener el diploma como mecanógrafo y así obtuve el debido Reconocimiento Oficial emitido por la Secretaría de Estado de Educación, lo que le otorgó el sello de personalidad jurídica al Instituto Comercial "PONCIANO" y afianzó la confianza y credibilidad de los residentes del pueblo.

Este extraordinario paso de avance resultó de vital importancia para el centro educativo y fue lo que efectivamente permitió fortalecer las bases para poder conducir y desarrollar exitosamente la institución académica que, en un futuro cercano, contribuiría de manera determinante y favorable al desarrollo de la juventud del pueblo de Sabana Grande de Boyá.

Mi mayor interés, propósitos, metas, esfuerzos y objetivos estaban fundamentalmente concentrados en ofrecer un aporte significativo y de vital importancia a la educación técnica y vocacional para la juventud de este joven y humilde municipio que tanto lo necesitaba.

Nunca sientas el temor de enseñar a otros quien tú eres
Si quieres que te respeten y cumplan con sus deberes

1971/1972 – Sabana Grande de Boyá.

Los Primeros Profesores del Instituto

Inicialmente yo era el director y único profesor; sin embargo, unos meses más tarde el instituto empieza a afianzarse y a convertirse en una institución confiable y sólida, por lo que fue necesario contratar profesores para algunas de las áreas básicas de la enseñanza técnica.

Antes de finalizar el año 1971 contraté el primer profesor para enseñar la asignatura de Gramática, el joven Luís Aníbal Céspedes, con un sueldo mensual de RD$10.00 y quien era considerado una verdadera autoridad en asuntos gramaticales, entre otras asignaturas. Luego se incorporó a la enseñanza el joven Arturo Nicasio como profesor de mecanografía, mientras yo enseñaba las asignaturas de Técnicas de Oficina, Relaciones Humanas, Archivo y Matemática Mercantil.

Como comenté anteriormente, para ese tiempo en el pueblo había una gran necesidad y carencia de personal que tuviera la preparación y conocimientos técnicos que se requerían para trabajar en cualquier oficina; el Instituto Comercial 'PONCIANO" no estaba exento de esto, aunque tampoco estaba en condiciones para contratar profesores que vinieran de otra ciudad. Por lo tanto, tenía que encontrar una solución.

Para muchas personas resultó curioso el hecho de que, aún sin tener yo los conocimientos necesarios para enseñar las asignaturas de contabilidad y taquigrafía, tuve la osadía y la pericia de ayudar a algunos jóvenes para que aprendieran a dominarlas aplicando un sistema práctico e inusual.

Traté de persuadir y convencer algunos estudiantes para que se interesaran en aprender contabilidad básica y taquigrafía estudiando por cuenta propia, pero bajo mis instrucciones y supervisión para que, más tarde, se incorporaran al cuerpo de profesores del Instituto.

Para la asignatura de contabilidad básica estuvieron dispuestos a emprender este reto el dinámico Manuel Ramón Medina (Momón) y las jóvenes Mercedes Aquino, Cristina Bidó (Tatis) y su hermana Catalina Elvira Bidó (Doda), mientras que para la taquigrafía lo hicieron Mercedes Aquino, Ivelise Aquino, Milagros Acosta, Cristina Bidó (Tatis) y su hermana Catalina Elvira Bidó (Doda).

Con la disposición de este grupo de jóvenes y trabajando en equipo, ese método me resultó bastante efectivo y solamente bastó proveerles los libros con sus respectivos cuadernos de ejercicios y los materiales que necesitaban para desarrollar las tareas.

Para lograrlo les daba una semana de estudio para aprender la lección completa; al término de la semana les daba su respectiva prueba, la cual consistía en lo siguiente: Para la asignatura de contabilidad los estudiantes debían haber desarrollado y completado todas las tareas correspondientes al capítulo en el cuadernillo de ejercicios que venía junto al libro de texto; al final tenían la obligación de explicar paso por paso todo lo que habían aprendido. Luego los comparaba con los ejercicios de ejemplos que venían en el libro de texto, con el propósito de verificar la exactitud de lo aprendido.

Para la asignatura de taquigrafía los estudiantes debían estudiar y aprender bien la lección correspondiente con todos sus detalles, además de desarrollar y completar correctamente los ejercicios respectivos. La evaluación consistía simplemente en dictarle un texto cualquiera y diferente a cada estudiante, preferiblemente un párrafo de una carta, para que lo tomaran en taquigrafía y luego leyeran el texto palabra por palabra, con lo cual quedaba verificada la exactitud del dictado.

Es así como de esta ingeniosa manera logré preparar un pequeño grupo de jóvenes quienes, con todo su entusiasmo, dedicación, responsabilidad y deseos de superación, pronto sintieron el orgullo y la satisfacción de haber aprendido algo nuevo que les sería de mucho beneficio en el futuro, además del orgullo que significaba ser profesor del Instituto Comercial "PONCIANO".

"Es mejor no esperar nada y hacer lo posible,
Que entusiasmarse y no hacer nada"

Posteriormente se integraron a impartir clases en el Instituto otros profesores como, Diego Herrera Castro, Manuel Ramón Medina (Momón), Julio Antonio Jiménez Cadet (Julito), Zelandia María Polanco, Mercedes Aquino, Ivelise Aquino, Altagracia Azcona, Melba Aquino, Yolanda Alcántara, Neris Ortiz, Bienvenido Bidó,

Bartolo Bidó Herrera, Manuel Antonio Bonaparte, Josefa Castillo, Víctor Medina, Martín Zapata (Pedrito Macó), Cristina Bidó (Tatis), su hermana Catalina Elvira Bidó (Doda), Milagros Acosta, Pablo De León González, Rafael Ponceano Reynoso, Damarys Aquino, Ana Silvia Ortiz, Héctor Pedro Sosa y el joven Manzano, entre otros.

La razón por la cual se renovaba con frecuencia el personal docente del Instituto era porque, los profesores eran siempre estudiantes del tercer o cuarto curso de la educación secundaria y al completar su bachillerato se marchaban hacia la capital para empezar sus estudios universitarios.

Quiero pedir disculpas a todas aquellas personas que sirvieron como profesores del Instituto y cuyos nombres no puedo recordar y por tanto no los menciono pero quienes, de igual manera, merecen mi respeto, consideración y aprecio por su valioso aporte y dedicación. Quiero también aclarar que, el orden en que aparecen los nombres no tiene ningún privilegio especial entre unos y otros.

1972 – Sabana Grande de Boyá.

Profesor en el Liceo Secundario

A principios del año 1972 el profesor encargado de enseñar las asignaturas correspondientes a las matemáticas del Liceo Secundario Nocturno de Sabana Grande de Boyá, señor Franklyn Rosario, presentó renuncia de su cargo. Para sustituirlo, el director Víctor Rosario me confió la responsabilidad para impartir las asignaturas de Algebra, Geometría, Trigonometría y Física para los diferentes niveles de la educación secundaria.

Acepté la responsabilidad bajo la condición de que fuera temporal hasta que apareciera una persona calificada, ya que había decidido trasladarme a la capital para empezar mis estudios universitarios.

De igual manera debo agradecer la buena aceptación que tuve por parte el estudiantado durante mi corto paso por el plantel, desde el primero hasta el cuarto curso de la secundaria quienes, en su muestra de apoyo y solidaridad, planearon realizar una protesta para que yo no fuera reemplazado.

Para hacerlos desistir de esa idea les expliqué mis motivos por esa decisión, indicándoles que también ellos tendrían que hacerlo cuando concluyeran sus estudios secundarios y dejar atrás lo que con tanto esfuerzo habrán logrado para seguir adelante.

Esto probablemente se debió a que, en mis días como profesor de matemáticas puse en práctica una manera muy simple para que los estudiantes pudieran asimilar fácilmente las asignaturas y si algún alumno tenía cualquier duda o necesitaba ayuda adicional para entender cualquier detalle, podía acercarse a mí en el Instituto, donde también dedicaba tiempo extra para orientarlo.

Ese fue un momento de transición para mi vida ya que, muchas ideas se entrecruzaban en mi mente tales como: a) el hecho de estar recibiendo un sueldo fijo como encargado en la oficina del sindicato STIRHA; b) otro sueldo como profesor de Matemáticas en el Liceo Secundario y c) las ganancias percibidas del Instituto, todo lo cual parecía convertirse en un conjunto de obstáculos como para impedir que pudiera seguir adelante con mis propósitos. Esto constituyó una situación que ameritaba detenido análisis y una profunda reflexión, antes de decidir abandonarlo todo para seguir adelante y alcanzar las metas antes propuestas.

En ocasiones es necesario dejar lo que queremos atrás para que puedan nacernos alas y así poder volar

1972 – Sabana Grande de Boyá y Santo Domingo.

Mi Traslado de Sabana Grande de Boyá a la Capital

Llegado el momento tenía que decidir sobre mi partida hacia Santo Domingo, dejando atrás mi anhelado pueblo porque un largo camino por recorrer le esperaba a mi destino. Fue en los meses de mediados del mismo año 1972 cuando decidí trasladarme a la capital. Presenté mi renuncia en la oficina del sindicato donde había laborado desde el año 1966 y devengaba un sueldo de RD$100.00 pesos al mes. Lo mismo hice en el Liceo Nocturno Secundario Boyá, donde ganaba RD$148.00 pesos por mes.

También fue un momento complicado tener que ausentarme del Instituto, aunque ya contaba con una sólida base y un cuerpo de profesores bien organizado, integrado por jóvenes de una alta cuota de responsabilidad y entusiasmo. En sus hombros dejé esa difícil tarea y me trasladé a la capital para iniciar los estudios en la Universidad Autónoma de Santo Domingo (UASD). A la cabeza del grupo quedó el talentoso joven Arturo Nicasio, quien había sido uno de mis mejores alumnos y demostró sobrada responsabilidad, honestidad y buen carácter moral. Pero su permanencia como director no fue muy duradera ya que se presentó la oportunidad y aceptó el nombramiento como encargado de la oficina del acueducto INAPA en el pueblo.

Al conocer los motivos de la renuncia de este joven me causó mucha satisfacción, ya que recordé aquella idea que dio origen a la existencia del Instituto, cuando precisamente las autoridades del acueducto contemplaron la posibilidad de buscar una secretaria en Monte Plata para que se encargara de la Oficina de INAPA porque en el pueblo de Sabana no aparecían jóvenes preparadas para ocupar la posición. Ese día los residentes del pueblo tuvieron la oportunidad de presenciar el primer fruto que nació como producto de la idea que surgió en la mente de aquel preocupado joven.

"El que tiempo tiene, Tiempo espera,
Tiempo llega, Que quiere y no puede"

1972/1973 – Santo Domingo.

Reemplazo del Director

Debido a la salida inesperada de Arturo Nicasio (Arturito), nombré como director sustituto al joven Diego Herrera Castro quien no resultó una buena opción ya que se presentaron algunos inconvenientes durante su gestión, razón por la cual no permaneció mucho tiempo en la dirección del Instituto.

En sustitución de Diego fue nombrado el talentoso joven Julio Jiménez Cadet (Julito), quien ya se desempeñaba en las labores docentes en el plantel. Esta persona resultó ser una excelente opción para dirigir y coordinar las actividades del Instituto, caracterizándose por sus valiosas cualidades humanísticas, puntualidad, honestidad y responsabilidad. También proyectó gran dinamismo y entusiasmo con sus aportes al Instituto durante su permanencia como director. Ahí permaneció varios años hasta que se fue a la Universidad Autónoma de Santo Domingo (UASD) a cursar la carrera de medicina.

En sustitución de Julito fue designado como director el joven Pablo de León González quien permaneció solamente un par de años en la posición, para luego pasar a trabajar en el Ayuntamiento Municipal de Sabana Grande de Boyá. En su lugar ocupó la dirección Rafael Ponceano Reynoso, quien además se encargaba del mantenimiento y reparación de las máquinas de escribir.

Según me comentó el señor Ramón Lorenzo, durante la gestión de Rafael como director del Instituto, en una ocasión el síndico de turno Ramón Lorenzo envió una carta a la dirección para recomendar un estudiante que había sido favorecido con una beca por el ayuntamiento para estudiar en el Instituto; al leer la carta Rafael encontró que la misma tenía un par de faltas ortográficas por lo que tomó la decisión de devolvérsela al síndico con varias marcas o tachaduras señalándole las faltas de ortografía, razón por la cual no aceptaba dicha carta. Como es natural, el síndico un poco molesto se acercó al Instituto para explicarle al director que esa carta no era un examen de gramática sino una orden del ayuntamiento. Fue así como Rafael entró en razón y no tuvo más que aceptar la carta que él había devuelto.

Rafael permaneció ocupando la posición hasta el año 1998 cuando el Instituto pasó a ser propiedad de la señora Edelmira Herrera Castro.

1973 – Sabana Grande de Boyá.

Mi Primer Empleo en Santo Domingo

En marzo del año 1973 decidí responder a un anuncio de oportunidad de empleo que apareció en el periódico Listín Diario para participar en un concurso de mecanografía y optar por una posición vacante de Mecanógrafo en el Centro Dominicano de Promoción de Exportaciones.

Me presenté en CEDOPEX a tomar las pruebas de rigor y para mi sorpresa, dicho examen consistía en dos partes: 1. Una prueba de velocidad de 5 minutos en una máquina de escribir eléctrica (siendo la primera vez que usé ese tipo de máquina) y 2. Organizar una carta que se me entregó escrita en forma desorganizada.

En la prueba de rapidez alcancé una velocidad de 47 palabras por minuto y solamente tuve un error (copia que anexo más abajo). La prueba de la carta tuvo una presentación perfecta, lo que determinó mi elección entre los últimos candidatos para optar por el empleo en CEDOPEX.

Máquina de Escribir Eléctrica

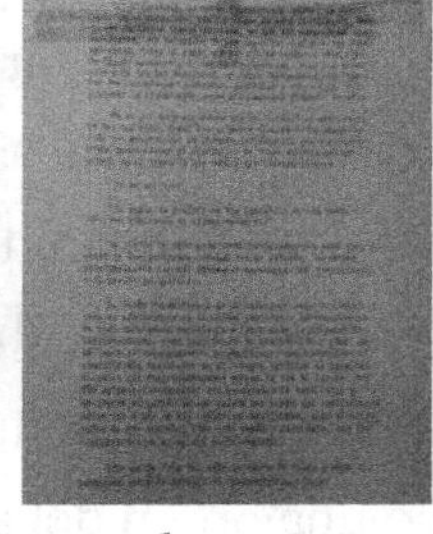

Pedro Ponceano tomando su prueba de rapidez en Cedopex

Dos días después de haber tomado las pruebas recibí una notificación del director de CEDOPEX para que me presentara a la entrevista. Al concluir me dice el director, el Ingeniero Fernando Periche Vidal, que había sido muy dichoso porque, de 128 candidatos que se presentaron a la prueba, solamente 13 fuimos elegidos para una pre-calificación; de esa cantidad, 5 candidatos quedamos seleccionados para elegir finalmente a tres.

Mi mayor orgullo fue haber formado parte de esos tres finalistas quienes logramos obtener las mejores calificaciones de la competencia y haber sido yo el seleccionado para ocupar la posición. Al felicitarme, el Ingeniero Periche Vidal me dijo que regresara el siguiente día para que empezara de inmediato como Mecanógrafo, por un período de prueba de tres meses con un sueldo de RD$160.00 mensuales.

Es así como la preparación técnico-vocacional autodidáctica que había adquirido a través del Instituto Comercial "PONCIANO", me permitió formar parte del personal empleado en esa prestigiosa institución autónoma del Gobierno Dominicano, como fue CEDOPEX durante muchos años.

En el Centro Dominicano de Promoción de Exportaciones (CEDOPEX) laboré durante 13 años, donde llegué a ocupar varias posiciones en el Departamento de Estudios Económicos junto a un selecto grupo de técnicos especializados con un alto grado de profesionalismo, entre quienes puedo recordar a mi siempre gran amiga Fresa Brunilda Martínez, Santos Taveras, Rafael Díaz, Ernesto Ho "el chino Ho", Luisa Fernández, Elsa Caraballo, Frank Campusano, Julio Merete, José Jiménez, Hismenia Hernando, Eddy Martínez y Aramís Vega, entre otros. Alguien que no podía faltar, mi gran amiga y secretaria Yolanda de Brea. Otros a quienes me gustaría también mencionar por haber sido mis jefes son Luis Eduardo Tonos, Bienvenido Brito, Carlos Despradel, Rafael Yegez y Pablo Rodríquez. Confieso que fue una experiencia extraordinaria mi paso por CEDOPEX.

Debido a la alta responsabilidad que significaba mi empleo en CEDOPEX, solamente podía viajar a Sabana Grande de Boyá al final de cada semana, para poder mantener una efectiva supervisión y estricto control sobre el desenvolvimiento del Instituto.

Si tienes alguien en quien de veras puedas confiar
Bríndale tu apoyo siempre para que no te vaya a fallar

1973 – Sabana Grande de Boyá.

Primera Graduación del Instituto Comercial "PONCIANO"

En el año 1973 se integra al personal docente la profesora Zelandia María Polanco quien, con toda la fuerza de su juventud y entusiasmo, llega a darle un nuevo rumbo a la institución; algunas cosas fueron modificadas y hasta la organización de los salones de clases fue diferente. Una tarde llegó a laborar y se le ocurrió decirme que "era tiempo de que empezáramos a celebrar actos de graduación para los estudiantes del Instituto porque ya lo estaban reclamando".

Fue entonces cuando en abril de 1973, bajo la coordinación de la profesora Zelandia y el director Julio Jiménez Cadet (Julito), celebramos el primer acto de graduación del estudiantado, en ocasión de cumplirse el segundo aniversario de la fundación del Instituto.

La celebración de este primer e importante evento constituyó un salto gigante para afianzar más las bases del Instituto, el cual tuvo lugar en el Centro Comunal "Alberto Alcántara," un local propiedad de la Iglesia Católica Sagrado Corazón de Jesús. Hoy día solamente quedan las ruinas de ese gran centro cultural que sirvió de escenario a históricos eventos y una modesta biblioteca en Sabana Grande de Boyá.

En algunas ocasiones el acto de graduación del instituto fue necesario celebrarlo en el local del Teatro María, ya que cada año aumentaba considerablemente el número de estudiantes graduados en las diferentes carreras técnico-vocacionales.

La celebración de cada acto de graduación constituía un evento de emoción y orgullo, tanto para los graduandos como para sus respectivos padres quienes celebraban con júbilo y alegría al ver sus sueños convertidos en realidad, mientras contemplaban llenos de satsifacción a sus hijos cubiertos bajo los atuendos de toga y birrete, caminando todos al lado de sus padrinos y madrinas en un majestuoso desfile por el centro del pueblo al ritmo de la marcha que amenizaba con sus instrumentos una banda de música que contrataba el comité organizador.

Desfile de estudiantes

Primer Acto
de Graduación del Instituto

Este desfile consistía en un recorrido por las calles principales del pueblo; se iniciaba empezando desde el local del Instituto y terminando en el lugar donde se llevaría a cabo el acto de graduación para la entrega de diplomas a los graduandos. La actividad se convertía en una solemne ceremonia que empezaba con el Himno Nacional, seguido por el Himno a los Graduandos, para continuar con el discurso de apertura que pronunciaba el director del Instituto. Cada año se imprimía un programa conteniendo el listado con los nombres de los estudiantes y sus padrinos y madrinas, en el orden en que serían llamados para recibir sus respectivos diplomas. Julián Quezada y Manuel Ramón Medina sirvieron como maestros de ceremonia para los actos de grauduación en diferentes ocasiones.

Discurso del Director del Instituto

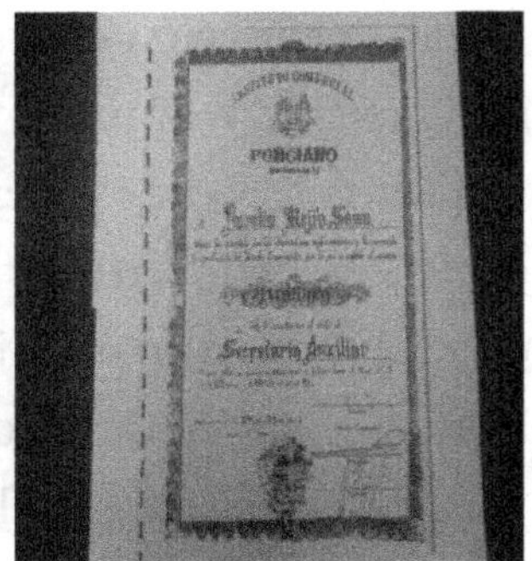

Entrega de Diplomas a Estudiantes del Instituto

Cabe destacar que los diplomas que iban a ser entregados a cada estudiante eran completados de manera muy profesional por el pendolista Gabriel Mejía quien, además de sus excelentes cualidades serigráficas, también era un aficionado a la guitarra y al canto. Aprovechando la combinación de cualidades artísticas de este talentoso joven, durante un acto de graduación del Instituto le imprimió un toque de distinción interpretando una hermosa melodia acompañado de su guitarra.

Luego de la primera graduación en el año 1973, en los meses próximos de cada año se elegía un comité organizador compuesto por profesores y estudiantes, el cual se encargaba de realizar diferentes actividades para recolectar fondos y organizar los festejos. De esta manera los gastos de los estudiantes resultaban mínimos. Para la celebración se contrataba un grupo musical que amenizaba la gran fiesta de graduación en la noche, la cual todos esperaban con expectativa. En algunas ocasiones la actividad bailable era rentable y suficiente para pagar la orquesta y guardar un poco de dinero para la actividad del próximo año. Algunas de esas actividades consistían en organizar giras a playas, paseos a diferentes pueblos, kermés y rifas.

Para esos tiempos tuvimos la satisfacción de contar con la presentación de algunos de los conjuntos o combos musicales más importantes de la época para amenizar las fiestas de graduación del Instituto, tales como: Fernandito Villalona, Luisito Martí y Bony con Kenton, entre otros.

Durante los primeros años la fiesta de graduación se celebraba en el local del Centro Comunal "Alberto Alcántara." Años más tarde la fiesta de celebración se efectuaba en los salones del popular y acogedor bar conocido como "El Jovial", el cual estaba ubicado frente al Teatro María, en la Avenida Duarte en Sabana Grande de Boyá.

Debemos escuchar y considerar sugerencias y consejos positivos De personas sinceras que nos quieren y nos consideran como amigos

1973/1977 - Sabana Grande de Boyá.

Entusiasmo y Diversión Estudiantil

Cabe destacar que el período de prácticas de mecanografía durante un tiempo se convirtió en algo muy divertido, ya que de un aprendizaje pasó a ser una sana y verdadera competencia entre muchos estudiantes, debido al interés de cada uno por superar en rapidez al compañero más cercano frente al teclado. Dicha competencia contribuía a que cada uno de estos jóvenes, se ocupara más en alcanzar la mayor velocidad y distinguirse entre los demás como el estudiante que podía escribir la mayor cantidad de palabras por minuto.

Hubo una época en que algunos de los estudiantes del Instituto tomaron su aprendizaje tan en serio que llegaron al límite de borrarle las letras que identificaban cada tecla a una de las máquinas de escribir, a la que nombraron "la cieguita" y la que utilizaban para sus competencias de velocidad. Así demostraban quién era el estudiante con mayor rapidez frente al teclado, convirtiéndose en una sana y divertida competencia la cual, al tiempo de ser un incentivo, a la vez impulsaba la perfección.

Tengo la esperanza de que los actores de aquellas divertidas, beneficiosas e ingeniosas travesuras al leer estas notas gocen al recordar con nostalgia, alegría o tristeza, esos hermosos tiempos donde todo era transparente, sano y divertido, como en aquellos años mozos de nuestra juventud cuando todo parecía desarrollarse en un ambiente sano, sin malicia y donde la juventud tenía clara convicción de que la preparación académica y la honestidad parecían constituír el capital más valioso de la sociedad y que en esos dos elementos estaba la clave para encontrar el camino que los conduciría al éxito.

Si deseas presumir y disfrutar de lo que tienes con orgullo
Nunca tomes ni te adueñes de todo lo que no es tuyo

1973/1990 - Sabana Grande de Boyá

Tiempo de Exámenes en el Instituto

El tiempo de los exámenes generales le elevaba las neuronas a cualquiera; se podía observar un ambiente tenso en las aulas y hasta en cada estudiante porque esto representaba la culminación de una gran proeza y cierto orgullo entre jóvenes muy conocidos en el pueblo. No solamente los estudiantes esperaban este momento con ansiedad; el personal docente del plantel también deseaba ver llegar esa temporada por algunos pequeños privilegios que recibían durante ese período.

Por ejemplo, antes de impartir los exámenes la dirección del Instituto debía notificarlo a las autoridades de la Secretaría de Educación, desde donde enviaban un inspector para supervisar dichas pruebas. Como los profesores tenían la responsabilidad directa de estar pendientes de su desarrollo, se les ofrecía un incentivo a cada uno como viático, lo cual consistía en un sandwich y un jugo o un refresco embotellado.

Después de varios años de estar recibiendo personal designado por la Secretaría de Estado de Educación para servir de jurado durante el período de exámenes en el Instituto, decidí solicitarle a las autoridades de la Secretaría que designaran profesores del Liceo Secundario Nocturno del pueblo como jurados, ya que no consideraba necesario incurrir en tantos gastos cuando en Sabana había un cuerpo de profesores calificados para desempeñar esa tarea.

Mi solicitud fue bien acogida bajo la condición de que yo debía notificar con anticipación a las autoridades de la Secretaría de Educación, los nombres de los profesores que servirían como jurado para supervisar las pruebas. Entre los profesores que servieron como jurado examinador en el Instituto podemos recordar la profesora Goyita Brito, Altagracia Zambrano y Víctor Rosario.

Este fue otro logro importante obtenido como producto del esfuerzo del Instituto, al poder demostrar ante las autoridades de educación, que en el pueblo ya podíamos contar con personal calificado.

Otro dato curioso que quiero mencionar es que en una ocasión, al profesor Pablo De León González le tocaba impartir un examen de Contabilidad pero, debido a los pocos conocimientos que él tenía para usar el Mimeógrafo, imprimió erróneamente el examen de otra asignatura. Sin enterarse de la confusión entró al aula de clases donde los estudiantes esperaban nerviosos y le entregó el papel a cada uno de ellos, instruyéndoles inmediatamente colocar sus nombres en la parte superior.

Cuando los estudiantes empezaron a leer las preguntas, la confusión fue general ya que el profesor De León González les había entregado un examen de Cálculo Comercial en vez del examen de contabilidad por lo que, al mirarse unos a otros, muchos pensaron que habían estudiado la asignatura equivocada. Todo se aclaró cuando uno de ellos comentó: "Profesor, este examen de contabilidad si está raro". El profesor entonces revisó, se percató del error y procedió a aclarar y corregir la confusión.

En las pruebas finales del año 1984 ocurrió un evento que resultó bastante desagradable cuando la profesora encargada de impartir gramática, al finalizar las pruebas tomó los exámenes de sus alumnos y se los llevó a su casa para corregirlos, algo que no era permitido bajo las reglas del Instituto. Lo peor de todo fue que esta joven no solamente se llevó los exámenes para su casa sino que además, tuvo la osadía de llevárselos dizque para corregirlos en la playa mientras se divertía con el novio. Tan pronto llegué al pueblo desde la capital para verificar el desarrollo de las pruebas me enteré de lo ocurrido a través de mi hermano Luís Ponceano, quien operaba su negocio de barbería ubicado en la Avenida Duarte. Logré establecer contacto con dicha profesora, quien admitió el hecho y finalmente pude recuperar los exámenes de manos de esta joven, razón por la cual ese mismo día fue despedida.

1973/1979 – Santo Domingo – UASD/UNPHU.

Mis Estudios Universitarios

Aunque originalmente empecé a estudiar en la Universidad Autónoma de Santo Domingo (UASD), asistí solamente durante el primer semestre. Debido a los frecuentes disturbios estudiantiles que se originaban en protestas por aumento del presupuesto universitario, se perdía demasiado tiempo, razón por la cual a mediados del año 1973 trasladé mi matrícula estudiantil a la Universidad Nacional Pedro Henríquez Ureña (UNPHU) para completar mis estudios. En el año 1979 terminé mis estudios en Técnicas Bancarias, gracias a mi gran amigo Luís Aníbal Céspedes, ya que fue quien me motivó y llenó de ánimo para que no dejara mis estudios universitarios, los cuales tuve a punto de abandonar debido a responsabilidad familiar.

En el año 1983 ingresé a la Universidad Eugenio María de Hostos, en Santo Domingo, donde empecé la carrera de Mercadotecnia, la cual no me fue posible completar debido a que, en el año 1985 emigré a los Estados Unidos.

1978 – Sabana Grande de Boyá.

Profesores del Instituto Proyectaron Huelga

Durante los años de existencia de esta importante academia de estudios comerciales, no todo fue color de rosas ya que se presentaron momentos críticos que pusieron a prueba su estabilidad para un normal desenvolvimiento. Por ejemplo, en el año 1978 los profesores del Instituto decidieron reunirse y ponerse de acuerdo para hacer algunos reclamos que ellos consideraban justos y necesarios. Entre sus reclamos pedían que se les dotara de uniformes y aumento de salario y de no ser satisfechas sus demandas, tomarían la decisión de renunciar en conjunto.

Como vocero del grupo de profesores nombraron al joven Martín Zapata (Pedrito), quien se trasladó a mi casa en Santo Domingo para exponerme lo que habían acordado. Recuerdo que lo recibí con todas las atenciones que merecía su visita y escuché pacientemente sus encomiendas. Como no era prudente tomar una decisión sobre el particular en ese momento, le dije que viajaría el fin de semana para que conversáramos sobre sus reclamos.

Como les había prometido, la tarde del sábado llegué y me reuní con el grupo de profesores. Cierto hermetismo se podía observar entre ellos por no conocer mi decisión frente a sus demandas. De igual manera escuché con atención la opinión de algunos mientras otros prefirieron mantenerse en silencio; cuando llegó mi turno recuerdo que pocas palabras expresé; les sugerí que podían comprarse sus propios uniformes y que por el momento, el Instituto no tenía las posibilidades de aumentarles los sueldos, por lo que, aceptaba sus renuncias pero me vería en la obligación de cerrar el Instituto. Ahí mismo quedó desintegrado el movimiento, desistieron de la huelga y decidieron retornar a sus labores docentes muy tranquilos. Sin embargo, desde hacía algún tiempo no estaba conforme con el desenvolvimiento de dos profesores, ocasión que también aproveché para prescindir de sus servicios y las asignaturas que estaban a su cargo las asigné a los que quedaron trabajando.

Si no piensas y analizas para tomar decisiones
Quizás sea demasiado tarde para cuando reflexiones

1981 – Sabana Grande de Boyá.

Estudiantes del Instituto También Proyectaron Huelga

Para el período de exámenes de término del año escolar 1981-1982, un grupo de estudiantes encabezado por los jóvenes Carlos Ramón Ruiz Olivo (Tito) e Hipólito Lachapell (a quienes sus compañeros de estudios denominaron los "cabezas calientes del Instituto"), optaron por poner a prueba mi autoridad desafiando las reglas del plantel y decidieron convocar una huelga estudiantil bajo el pretexto de que, ningún estudiante pagaría la cuota correspondiente al mes durante el cual se llevarían a cabo los exámenes. Por tanto, decidieron no tomar dichas pruebas durante la semana que correspondía porque se les exgía pagar la cuota correspondiente al mes en curso y ellos se oponían.

El director del Instituto para entonces era el joven Rafael Ponceano Reynoso y me llamó a la Capital para informarme sobre la situación. Debido a que no contábamos con mucho tiempo ya que transcurría la semana de los exámenes, recuerdo que le pedí convocar a los estudiantes para el viernes de esa semana y así reunirme con ellos, escuchar sus reclamos y llegar a un acuerdo justo al respecto.

Efectivamente, ansiosos y decididos a materializar sus propósitos me esperaba un buen grupo de estudiantes. Durante el curso de la reunión me plantearon su posición; los escuché pacientemente y al final les expliqué la necesidad de pagar esa cuota porque el Instituto tenía el compromiso de pagarles a los profesores. Entonces, si ellos no querían pagar la cuota correspondiente estaban en su derecho; sin embargo, no habría exámenes ese año y tendrían que esperar el próximo año para graduarse. Debido a que el período para exámenes había pasado, también les expuse mis condiciones, las cuales eran:

1) Ponerse al día con el pago de la cuota mensual y 2) examinarse de todas las asignaturas durante los días sábado y domingo de esa misma semana. Les exhorté a que debían prepararse bien porque yo prepararía los exámenes de tal manera que, solamente los aprobarían aquellos estudiantes quienes estuvieran bien preparados.

Finalmente los estudiantes entendieron mis explicaciones y razonamientos, se pusieron de acuerdo y aceptaron pagar las cuotas correspondientes para examinarse bajo las condiciones y acuerdos convenidos.

Debo reconocer que la mayoría de los estudiantes se prepararon para dichas pruebas, incluyendo los "cabezas calientes", a quienes al final felicité por haber logrado obtener calificaciones sobresalientes.

"Antes de que puedas estar en posición de exigir
Primero deberás estar en condiciones de cumplir"

1977/1978 – Sabana Grande de Boyá.

Preparación y Empleos a Estudiantes del Instituto

El Instituto Comercial "PONCIANO" no solamente constituyó un centro de estudios comerciales donde cientos de jóvenes estudiantes dieron sus primeros pasos hacia el futuro tras lograr una carrera técnica, sino que también era mi interés ayudar a muchos de ellos obtener una posición de trabajo que apareciera en cualquier compañía o empresa en la capital. Mi mayor empeño estaba enfocado siempre en recomendar a los más calificados, aun estuvieran éstos sirviendo a la institución como profesores.

Durante mi trayectoria como empleado en el Departamento de Estudios Económicos del Centro Dominicano de Promoción de Exportaciones CEDOPEX, logré cultivar una valiosa y sólida reputación en la elaboración de estudios de mercados internacionales, lo que me hizo merecedor de gran confianza en los niveles profesionales entre las autoridades del Centro.

Debido a ese valioso aporte y apoyado en excelentes relaciones humanas, aproveché la oportunidad para abrirles las puertas a cinco de los estudiantes más sobresalientes del Instituto Comercial "PONCIANO", ayudándoles a obtener empleos en CEDOPEX siendo ellos: Martín Zapata (Pedrito), Julián Quezada, Gerardo Reynoso, Manuel Antonio Bonaparte y Ramón Castillo, quienes luego formaron un sólido equipo que se encargó de continuar la tarea en otras empresas, como la Sociedad Industrial Dominicana (La Manicera), Colgate Palmolive e INDUSPALMA, entre otras.

El hecho de haberse graduado en el Instituto Comercial "PONCIANO" significaba un privilegio para muchos de nuestros estudiantes, ya que era su mejor carta de presentación a la hora de aplicar para un empleo en Santo Domingo. Esto se debe a que, al concluir sus estudios técnico-vocacionales en el Instituto, los estudiantes debían someterse a una rigurosa evaluación, quedando así capacitados para desempeñar cualquier tipo de trabajo en una oficina en cualquier empresa o compañía.

Debo reconocer y estoy consciente de que la Sociedad Industrial Dominicana (La Manicera) fue la empresa que mayor cantidad de egresados del Instituto contrató como empleados, para luego seguir la Colgate Palmolive, donde las valiosas gestiones de la Profesora Neris Ortiz permitieron emplear a un grupo considerable de sus estudiantes egresados.

Además, empleos como éstos sirvieron de soporte para sus familias a muchos de nuestros ex-alumnos, tanto en Sabana Grande de Boyá como en Santo Domingo, así como para descubrir nuevos horizontes en el extranjero ya que, a través de esas empresas, muchos de ellos lograron emigrar a otros países, especialmente a Europa y los Estados Unidos de América, donde actualmente vive una gran comunidad de sabanaboyaenses.

Para que puedas siempre en tu vida triunfar
La clave es estudiar, trabajar y relaciones cultivar

1980 – Santo Domingo.

Sucursal del Instituto Comercial "PONCIANO" en Sabana

En este año tomé la decisión de abrir una sucursal del Instituto Comercial "PONCIANO" en un local propio que tenía en la Avenida Duarte, con el propósito de agregar nuevas áreas a la educación comercial.

Aquí empezamos a proporcionar entrenamiento práctico de Cajero Bancario, además de ofrecer un curso de mecanografía "acelerado" con un periodo de duración de 6 meses. Debido al corto periodo de tiempo en el cual los estudiantes debían prepararse en esta nueva modalidad, el horario para las prácticas de mecanografía era más extenso con el uso de un método adecuado para cumplir lo prometido en el periodo establecido.

El nuevo programa tuvo una buena aceptación por aquellos estudiantes quienes deseaban o tenían la necesidad de completar sus estudios comerciales en el menor tiempo posible. Todas las asisgnaturas de base para los cursos ofrecidos les eran proporcionadas a los alumnos en forma de resumen presentados en folletos de fácil comprensión y asimilación, por lo que completaban sus estudios de manera satisfactoria equivalente a los cursos de mayor duración que se ofrecían en el local principal.

1981 – Santo Domingo.

Sucursal del Instituto Comercial "PONCIANO" en Santo Domingo

Impulsado por el viento que había soplado a favor del Instituto Comercial "PONCIANO" durante tantos años en Sabana Grande de Boyá, se me ocurrió probar suerte en la Capital y entrar al competitivo mundo de la educación comercial que existía en la década de los 80s. Pensé que se habían dado todas las condiciones para comenzar la aventura, pero nunca analicé que ya mi tiempo estaba demasiado compartido entre mis viajes semanales a supervisar el Instituto en Sabana, el trabajo en CEDOPEX y mi vida familiar. Al abrir una sucursal, otra ocupación se sumaba a mis actividades diarias.

Empezé a trabajar con mucho entusiasmo y hasta había limitado mis viajes al interior para ocuparme de su funcionamiento y desarrollo así que, en 1981 abrí una sucursal del Instituto Comercial "PONCIANO" en la calle María Montez en Santo Domingo.

Los estudiantes empezaron a llegar poco a poco, aunque seguíamos adelante con menos de una docena de alumnos, por lo que debí esperar a que se graduara ese pequeño grupo con la esperanza de que mejoraran los resultados. Esto nunca sucedió por lo que tuve que cerrar sus puertas y entregar el local.

1978 – 1983 y 1984 Viajes al Exterior.

Mis Viajes de Trabajo al Exterior

Mediante el desempeño profesional y efectivo de mis funciones en el Centro Dominicano de Promoción de Exportaciones CEDOPEX se dieron muchos eventos positivos que ayudaron a mi desarrollo profesional e intelectual en determinadas ocasiones; pues ya mencioné que gozaba de la confianza de sus ejecutivos y que le impregné mucha pasión y entrega al trabajo que me encomendaron hacer. Se trataba de algo muy delicado que debía hacer con seriedad y profesionalismo, además de mostrar seguridad en el desempeño.

Uno de mis mayores logros en dicha empresa significó la realización de un Estudio de Mercado de las Islas del Caribe que me encomendó hacer la dirección, visitando algunos países donde debí permanecer durante un mes en Curazao y Trinidad & Tobago en las islas del Caribe y Guyana y Surinam en Sur América. Fue una gran tarea y una experiencia inolvidable donde logré ampliar mis conocimientos culturales de aquellos países y cumplir con un propósito que los benefició bastante en sus relaciones económicas con la República Dominicana.

En el año 1983 CEDOPEX me designó para realizar un viaje de trabajo a la ciudad de Miami, en los Estados Unidos, para participar en un Seminario sobre Mercados Internacionales, Aranceles de Aduana y las Zonas Francas, con una duración de 3 semanas, el cual fue desarrollado en la Universidad de Miami.

A finales de 1984 se presentó una complicada situación con el rubro del tabaco que la República Dominicana exportaba a los Estados Unidos de América y como este era uno de los cuatro pilares económicos de exportación del país, los ejecutivos de CEDOPEX me asignaron la tarea de elaborar un estudio comprensivo sobre la situación del producto en el territorio nacional y su impacto en el mercado norteamericano. Debido a esa problemática, era necesario que cada país productor/exportador de tabaco presentara un informe ante la Comisión del Tabaco en los Estados Unidos.

La reunión para la presentación del informe había sido programada a celebrarse el día 3 de enero de 1985 en la ciudad de Washington, D.C. Al ser la persona quien preparó dicho informe, me designaron para representar la República Dominicana ante la Comisión del Tabaco en los Estados Unidos. Cuando todo estaba listo para mi viaje a Washington, D.C., el embajador dominicano en los Estados Unidos, el señor Carlos Despradel, viajó al país y leyó el informe que yo había preparado; al considerar que el mismo estaba tan bien elaborado, completo y detallado, el señor Despradel determinó que no sería necesario que yo fuera a presentarlo en persona, ya que no requería de aclaración alguna.

1985 – Santo Domingo/ Nueva York.

Mi Llegada a Nueva York.

Recibimiento Majestuoso e Inesperado en Nueva York.

Como recordarán que comenté sobre aquel viaje que no se dió para ir a Washinton, D.C. en los Estados Unidos de América a presentar un informe sobre el tabaco, aún mantenía la esperanza de efectuar el viaje por lo que, de todas maneras decidí realizarlo para conocer la ciudad de Nueva York.

Mi gran amigo Manuel Ramón Medina (Momón) anteriormente había tratado de convencerme para que me fuera a vivir a los Estados Unidos donde él había estado residiendo durante algún tiempo, idea ésta que nunca tomé en consideración porque no me convencía del todo. Sin embargo, en marzo del año 1985 decidí realizar un corto viaje de paseo para visitar a mi amigo Momón.

Empaqué mis maletas, compré el boleto de vuelo en la aerolínea Dominicana de Aviación y emprendí mi viaje hacia la Unión Americana. Como era habitual, el vuelo se retrasó varias horas antes de partir hacia la ciudad de Nueva York, donde me esperaba Momón en compañía de un amigo suyo.

En vista de que el vuelo estaba programado para llegar a las 2 de la tarde, Momón y el amigo decidieron empezar a preguntar a cada grupo de pasajeros que llegaban de cualquier parte del mundo, si Pedro Ponceano había llegado en ese vuelo. Por supuesto, nadie sabía quién era ese tal Pedro. Así pasaron todo el tiempo Momón y su amigo mientras esperaban impacientes hasta que el vuelo llegó, convirtiéndose la pregunta en algo contagioso entre el grupo de personas que esperaban a sus familiares. Aunque ni siquiera el amigo de Momón sabía quien era Pedro Ponceano, ya todos allí presentes también lo esperaban, llenos de curiosidad por saber de quien se trataba.

Por coincidencia, la gran estrella de béisbol de la época, el pítcher Juan Marichal, también venía en ese mismo vuelo. Al salir del aeropuerto, Juan Marichal venía justo detrás de mí y cuando me asomé y Momón me vio gritó: "Llegó Pedro Ponceano"! En ese momento todos los presentes aplaudieron con alegría y gritaron a coro: "Llegó Pedro Ponceano"!

Al ver ese grupo de personas tan emocionadas y aplaudiendo con tanta alegría, de pronto pensé que se habían confundido de nombre y que ovacionaban al estelar pítcher del Salón de la Fama del Béisbol.

Confieso que si la sorpresa fue tremenda, mayor fue el susto que me llevé al no imaginar lo que estaba sucediendo en aquel lugar desconocido para mí, ya que no tenía la más remota idea de lo que estaba pasando al escuchar aquel alboroto y peor aún, cuando escuché al grupo de personas mencionar mi nombre completo. Aunque sabía que todos mis documentos estaban en ordern, el pánico se apoderó de mí momentáneamente y lo primero que llegó a mi mente fue: "Oh mi Dios!! Caí en una trampa en Nueva York". Mis rodillas se tambaleaban y no podía pronunciar bien las palabras; los nervios hicieron de mi cuanto quisieron y los peores pensamientos se entrecruzaron en mi mente; pues anteriormente había escuchado en las noticias que en los Estados Unidos muchos dominicanos enfrentaban largas penas carcelarias por diferentes razones.

Mis nervios se controlaron y calmaron tan pronto vi a mi amigo Momón, quien salió del grupo a recibirme con un efusivo abrazo tan fuerte que me levantó y sacudió mi delgado cuerpo como si se tratara de un muñeco de trapos entre sus brazos. Así me volvió el alma al cuerpo, respiré tranquilo y le comenté a Momón: "llegué a Nueva York."

Debo confesar que tan grande fue la impresión que tuve al llegar a esa gran ciudad que, en solamente unos meses tomé la decisión de establecer mi domicilio en esa gran urbe. Como todo inmigrante que llega a este gran país sin ningún tipo de ayuda, tuve que superar algunas dificultades y asimilar el cambio de cultura y costumbres de una nación completamente diferente a la que me vio nacer.

Después de varias semanas de haber llegado ingresé al Centro Esperanza en Manhattan, Nueva York, para empezar a estudiar y aprender inglés como segundo idioma. Para lograrlo empecé en un programa intensivo asistiendo 3 horas diarias durante 5 días a la semana, lo que me permitió en muy poco tiempo lograr un buen dominio de la escritura, la gramática, la lectura y el entendimiento del idioma inglés.

Para que puedas siempre en tu vida triunfar
La clave es estudiar, trabajar y relaciones cultivar

1986 – Ciudad de Manhattan en New York, USA.

Mi Primer Empleo en Nueva York.

Avalado por la experiencia profesional, el dominio del idioma inglés y unas sólidas referencias personales, a los pocos meses de haber llegado logré obtener mi primer empleo en los Estados Unidos al laborar en el reconocido y prestigioso bufete de abogados "Liz & Boshion & Asociados," cuya oficina estaba localizada en la Calle 25 de Manhattan (25th Street).

Mis funciones consistían en visitar dos veces por semana las Cortes para asuntos civiles en Manhattan y Brooklyn, así como visitar las oficinas del Servicio de Inmigración y Naturalización en las ciudades de Manhattan en Nueva York y de Newark en Nueva Jersey, en representación de los abogados del bufete. Aquí estuve prestando servicios hasta el año 1988.

Durante mi permanencia en este bufete de abogados aproveché el tiempo para aprender todo cuanto me fuera posible, además de mejorar y perfeccionar los conocimientos del idioma inglés. En ese lugar aprendí a preparar impuestos, hacer traducciones del idioma español al inglés y viceversa, redactar cartas y documentos en inglés, así como también, aprobar el examen de requisito para convertirme en Notario Público de la ciudad de Nueva York.

Debo confesar que al comienzo de mi empleo en este bufete de abogados confronté algunas dificultades, ya que en los años 1985-1986 era cuando empezaba a usarse la computadora en muchas empresas y era la primera vez que yo veía un equipo de estos. Recuerdo que estuve a punto de perder el empleo porque un día uno de los ejecutivos, el señor Frank Liz, me ordenó preparar un reporte.

Debido a que era la primera vez que veía estos equipos y no había recibido ningún entrenamiento en asuntos de computadora, decidí preparar el informe en la máquina de escribir. Cuando todo estaba terminado con una presentación profesional, al mostrárselo al señor Liz me reclamó que porqué no lo había preparado en la computadora, porque para eso ellos habían invertido mucho dinero en equipos, no para presentar un informe escrito a máquina. Fue entonces cuando me puse las pilas y volví a aplicar aquel método autodidacta que utilicé para aprender mecanografía por cuenta propia en mis años mozos. En poco tiempo aprendí todo lo necesario y pude conservar mi empleo.

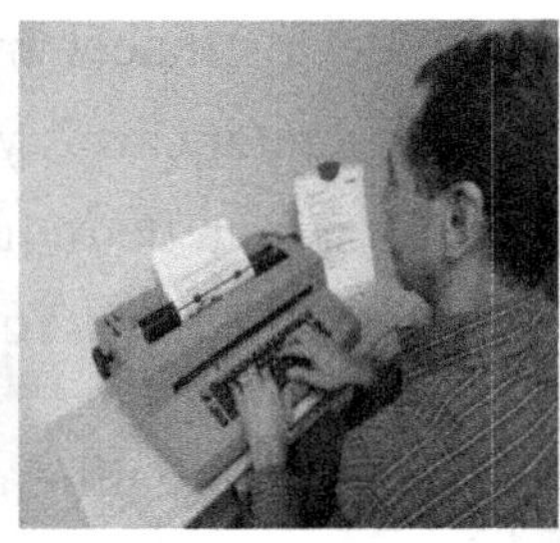

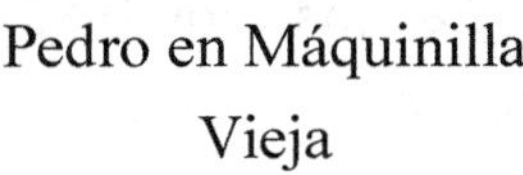

Pedro en Máquinilla Vieja

Pedro en Maquinilla Eléctrica

Pedro usa Primera Computadora

Durante mi estadía en este bufete de abogados me ofrecieron la oportunidad y me patrocinaron la asistencia a la Universidad de Nueva York (New Yok University) para tomar un curso durante seis meses, donde obtuve la certificación en Administración de Hoteles y Moteles.

Luego de dejar la posición anterior, a finales del año 1988 empecé a laborar en una oficina de servicios múltiples propiedad de la señora Migdalia Urraca en el Bronx, New York, donde apliqué todos los conocimientos que había adquirido durante el desempeño de mis labores como asistente de abogado, oportunidad que aproveché para también aprender sobre actividades de negocios, especializándome en la preparación de nóminas, pagos de empleados y la preparación de impuestos de negocios. Allí estuve hasta finales del año 1991.

Mientras puedas agregar aprendizaje a tus conocimientos
Aprovecha cuanto puedas y nunca sentirás arrepentimiento

1991 – Ciudad de Baltimore, Maryland.

Mi Propio Negocio en los Estados Unidos

En las vacaciones de verano de 1991 mi amiga Norys Lowson y su esposo Jonathan me invitaron a visitar la ciudad de Baltimore, en el Estado de Maryland, la cual acepté gustosamente, pues en ese tiempo estaba pensando descubrir nuevos horizontes para mi vida. No solamente visité estos amigos en Baltimore, sino que decidí aumentar mis días de placer y llegué hasta la ciudad de Washington D.C., la capital del país y al Estado de Virginia, un poco más hacia el Sur para visitar y conocer a la hermana de mi amiga Brunilda Martínez, Mary Arce y su esposo Jhonny.

La excursión tuvo un efecto tan positivo, que en noviembre de ese mismo año empecé a armar las maletas para mudarme desde Nueva York a la ciudad de Baltimore, donde ya me había pasado un par de semanas explorando nuevas oportunidades, conociendo a personas quienes pudieran orientarme y visitando algunas instituciones, de manera que en poco tiempo decidí establecer mi propio negocio el cual consistió en abrir una oficina basada en mis conocimientos para ofrecer servicios en la preparación de impuestos individuales y de negocios, traducciones, redacción de documentos y cartas en inglés, asuntos notariales e intérprete para personas que no hablaban inglés.

Para abril de 1992 ya había recibido la certificación que me acreditaba como Profesional en la Preparación de Impuestos en los Estados Unidos, emitido por el Instituto Americano de Estudios de Impuestos, en Washington, Distrito de Columbia. Luego, el director del Departamento de Motores y Vehículos del Estado de Maryland me otorgó el permiso para ofrecer mis servicios de manera independiente, como traductor oficial e intérprete en ese organismo oficial.

En poco tiempo tuve la oportunidad de cultivar excelentes relaciones personales con la joven Aideé Rodríguez, quien era la encargada de la División de Enlace en la Oficina del Alcalde para

Asuntos Hispanos en la ciudad de Baltimore. De igual manera pude contar con la valiosa colaboración del señor y gran amigo Beltrán Navarro, un verdadero líder dentro de la comunidad hispana. También cultivé una estrecha relación personal con la hermana Mary Neil Corcorán, presidenta del Apostolado Hispano, una dependencia de la Arquidiócesis de Baltimore.

Es por esa razón que durante los años 1992 a 1996 logré ingresar a formar parte de algunas organizaciones importantes en la ciudad tales como: Secretario del Consejo Pastoral de la Arquidiócesis de Baltimore; Secretario del Comité del Alcalde para Asuntos Hispanos; Miembro de la Asociación para el Desarrollo del Suroeste de Baltimore y miembro de la Asociación de Negocios Hispanos en la Ciudad de Baltimore.

Durante 1994 al 1996 el Departamente de Educación me contrataba para ofrecer servicios de manera independiente como intérprete en las Escuelas Públicas de la ciudad de Baltimore, para aquellos padres que no hablaban el idioma inglés y tenían hijos con necesidades especiales en el aprendizaje.

En el año 1994 el Departamento de Inmigración y Ciudadanía de los Estados Unidos me otorgó el privilegio de ser seleccionado para pronunciar el discurso de bienvenida a más de 300 nuevos ciudadanos americanos. Este discurso tenía que ser presentado en el idioma inglés.

Durante los años 1995-1996 tuve una participación activa como miembro del Comité de Asesoría a la Junta de Consejería de la Universidad John Hopkins en Baltimore, para el programa de estudio sobre la calidad de vida en pacientes de la población hispana con problemas de cáncer.

"El éxito de todo en la vida siempre lo podemos obtener Tratando de mejorar siempre lo que mejor sabemos hacer"

1994 – Instituto en Monte Plata

Réplica del Instituto Comercial "PONCIANO" en Monte Plata

En los primeros meses del año 1994 siendo Rafael Ponceano el director del Instituto Comercial "PONCIANO" se le ocurrió la genial y brillante idea de establecer su propia academia de estudios en la ciudad de Monte Plata, porque pensó que era tiempo de independizarse, ya que se consideraba lo suficientemente preparado para continuar impartiendo enseñanza comercial por cuenta propia, aunque no contaba con un cuerpo de profesores calificados ni tenía los equipos requeridos para operar el centro con la debida eficiencia que ameritaba el caso.

Debido a que no tenía equipos ni materiales de enseñanza para instalar su propio Instituto, Rafael entonces tomó la decisión de llevarse 5 de las mejores máquinas de escribir del Instituto Comercial "PONCIANO" con sus respectivas sillas y mesas, un escritorio y los materiales didácticos que necesitaba.

No estando satisfecho aun con todo lo anterior, también optó por establecer el "Instituto de su propiedad" usando el mismo nombre de Instituto Comercial "PONCIANO" en el entendimiento que podía estar cubierto bajo el Reconocimiento Oficial que le había otorgado la Secretaría de Educación a nuestra institución docente.

La noticia no se hizo esperar por mucho tiempo sin que yo me enterara de lo ocurrido ya que recibí una llamada telefónica donde vivo en los Estados Unidos desde Sabana, para ponerme al tanto de la situación.

Tan pronto recibí la información emprendí un viaje desde los Estados Unidos hacia Monte Plata para realizar una visita de inspección con el propósito de verificar los hechos. Sin previo aviso, me presenté en el "Instituto de Rafael" y efectivamente, allí estaba él con un pequeño grupo de estudiantes que desarrollaban sus prácticas de mecanografía.

Al observar las máquinas de escribir, las sillas y las mesas en aquel local impecable, de inmediato pude reconocer que se trataba de los equipos propiedad del original Instituto Comercial "PONCIANO" en Sabana Grande de Boyá. Al cuestionar a Rafael sobre la situación no pudo negar lo que había hecho porque las evidencias lo delataron al instante, por lo que me contestó que él había decidido tomar esos equipos "prestados" pero tenía la intención de devolverlos tan pronto se estabilizara.

Mi actitud ante los hechos fue tranquila pero firme y categórica, por lo que ordené a Rafael devolver y llevar de manera inmediata al Instituto en Sabana, todos los equipos y materiales de enseñanza que había trasladado a Monte Plata.

Le expliqué que yo no tenía ningún inconveniente para que él estableciera su propio Instituto, pero tendría que hacerlo con sus propios equipos, sus recursos, usando otro nombre y gestionar su propio Reconocimiento Oficial ante la Secretaría de Estado de Educación.

Al parecer Rafael hizo un análisis y entendió qué era lo más conveniente hacer y quizás se dio cuenta en ese momento que todavía le faltaban algunos pequeños detalles para establecer "tienda aparte" y seguir adelante por su propia cuenta, razón por la cual optó por desmantelar "su Instituto" en Monte Plata y devolver todo lo que había "tomado prestado" del Instituto Comercial "PONCIANO" en Sabana. A pesar de todo lo ocurrido Rafael me pidió que lo dejara continuar en la dirección del Instituto Comercial "PONCIANO" y se disculpó por el error que había cometido, prometiendo que eso no volvería a ocurrir. Como muestra de agradecimiento por el tiempo que Rafael había estado participando en las actividades del Instituto, decidí darle una segunda oportunidad y permaneció allí hasta que la institución pasó a otra persona.

1998 – Sabana Grande de Boyá.

Venta del Instituto Comercial "PONCIANO"

En vista de que ya llevaba varios años residiendo en los Estados Unidos de Norte América, en el año 1998 decidí vender los derechos del Instituto Comercial "PONCIANO." La persona quien adquirió el Instituto y sus derechos fue la señora Edelmira Herrera Castro. ¡Que coincidencia! La hermana de Diego Herrera Castro, aquel que en los inicios de esa academia fue un director transitorio del Instituto.

La nueva administración no tuvo una permanencia duradera debido a que la nueva propietaria también se fue a residir a los Estados Unidos, por lo que decidió cerrar las puertas del Instituto.

Es así como, después de haber cumplido con los propósitos que dieron origen a su fundación, termina la triste historia del Instituto Comercial "PONCIANO," tal como si fuera un alma que sucumbía ante la indiferencia, la falta de objetivos y el descuido, ingredientes que fueron lentamente cavando la tumba donde quedaron sepultados aquellos sueños de juventud.

El esfuerzo de 27 años y ese sacrificio que con entusiasmo, esperanza, dedicación y ahínco, soportaron durante tanto tiempo aquellas bases sólidas de esa institución, la cual apareció en el momento más oportuno para cumplir con los deseos y satisfacer las necesidades de superación de tantos jóvenes en aquel humilde pueblo, sin pensar que un día la triste realidad tocaría su puerta, enterrando para siempre la existencia del Instituto Comercial "PONCIANO," del cual se cosecharon y aun se siguen cosechando tantos beneficios, por lo que muchos de sus ex-alumnos lo recuerdan con gran orgullo.

Si no cuidas y proteges lo que tú de veras quieres
El momento llegará que lo pierdes para siempre

1991 – 2016 – Baltimore, Maryland, USA

PL General Services, Inc.

En honor a la verdad, pienso que he sido muy afortunado al tener la oportunidad de trabajar en un negocio propio desde finales de 1991 ya que, en PL General Services, Inc. he cumplido la misión de laborar para un mercado exigente con marcada responsabilidad y donde he estado ofreciendo servicios no solo a una gran comunidad de inmigrantes con sobradas necesidades de ocupar un espacio en este país de oportunidades, sino también a muchos norteamericanos.

Desde el inicio de mi negocio hasta el presente he logrado cultivar exitosamente una sólida reputación por haberme ganado la confianza y el respeto de la comunidad ayudando, a través de los conocimientos adquiridos, a un gran número de dueños de pequeños negocios, para su mantenimiento, organización y desarrollo, así como a cumplir con sus responsabilidades de impuestos federales, estatales y locales.

Mi sistema de asesoría está dirigido a establecer y organizar nuevos negocios; asuntos sobre impuestos federales y estatales; reportes, organización y registro de nóminas de pagos para empleados; servicio electrónico de planillas de impuestos; Agente Certificado ante la Oficina de Impuestos Federales; y traducciones de documentos inglés/español.

Me he especializado también en ayudar a los contribuyentes a resolver aquellos casos más complicados que puedan enfrentar con la Oficina de Impuestos de Rentas Internas (conocido como IRS), ya sean individuales o de negocios. Más importante aun, he logrado especializarme para ayudar, de manera muy eficiente, a resolver asuntos relacionados con auditorías sobre impuestos, con resultados exitosos y favorables para mis clientes en la mayoría de los casos.

"Si nos cuesta esfuerzo conseguir lo que tenemos
Mucho más esfuerzo nos costará mantenerlo"

Pedro Ponceano y PL General Services, Inc.

2001 – Ciudad de Baltimore, Maryland, USA.

Mi Primer Libro.

En el año 2001 decidí escribir mi primer libro sobre ideas de negocios, el cual publiqué bajo el título "200 Actividades Sencillas para Establecer su Propio Negocio." Para la publicación de esta obra pude contar con la valiosa y estrecha colaboración del excelente y destacado periodista y gran amigo Julián Quezada y quien ha contribuído de manera significativa con sus valiosos aportes profesionales para hacer posible la publicación de la presente obra.

"200 Actividades Sencillas para Establecer su Propio Negocio" es un libro que tuvo muy buena aceptación en el mercado hispano estadounidense, ya que ofrece un compendio de ideas de negocio que pueden ser utilizadas por el ciudadano común, tanto en ese país como en Latinoamérica.

Nota Final

Finalmente, el resumen de este contenido que describe la historia (vicisitudes, logros y éxitos) del Instituto Comercial "PONCIANO," la cual empiezo a narrar desde tiempos antes de sus inicios hasta los últimos días de su existencia, está reflejado en cada una de las frases que he incluido al final de las narraciones de eventos que ocurrieron durante su larga trayectoria.

Ese Instituto, más que un simple centro de educación técnico-vocacional, puede considerarse fue el camino que condujo a encontrar la llave que abrió las puertas del éxito a muchos jóvenes de Sabana Grande de Boyá a quienes, sin este pequeño y significativo esfuerzo, les hubiera sido casi imposible llegar a la meta.

Gracias al Instituto Comercial "PONCIANO" un gran número de jóvenes ha logrado ocupar posiciones de gran importancia que han cambiado sus vidas. Por mencionar solamente unos ejemplos: Fernando Aquino fue el Director de Marketing del equipo de béisbol de Grandes Ligas de Los Mest de New York y actualmente se desempeña como encargado de prensa del Fiscal General del Estado de Nueva York; su hermano, el Dr. Asmín Aquino, miembro de la Sociedad Dominicana de Cirujanos Plásticos y uno de los cirujanos plásticos más prominentes de la República Dominicana; Eliseo Lico, Vice-Cónsul, Consulado General de la República Dominicana en Nueva York; El Dr. Miguel Mota Plasencia, miembro del Comité Ejecutivo del Colegio Dominicano de Abogados; Lic. Martín Zapata Sánchez, actual Director General de Política y Legislación Tributaria en el Ministerio de Hacienda en la República Dominicana.

Sin temor a equivocarme, tengo la firme certeza y convicción de afirmar que el Instituto Comercial "PONCIANO" fue el ente motor que generó y despertó la conciencia entre la juventud del pueblo de Sabana Grande de Boyá y les permitió apreciar el verdadero valor y significado de la educación, rindiendo honor así a la frase que sirvió de soporte al logo que aparecía impreso en todos los diplomas que otorgaba el Instituto a sus estudiantes, que decia: "*Vivir no solo por vivir sino para vivir.*"

Como han Evolucionado las Máquina de Escribir

1966-1973 1973-1985 1985-1999 2000-2014

En mi humilde opinión, estoy positivamente convencido de haber logrado alcanzar los objetivos que me propuse al establecer el Instituto Comercial "PONCIANO," contribuyendo así con un valioso aporte que marcó la diferencia en la vida de una gran cantidad de personas residentes en nuestro querido y olvidado pueblo de Sabana Grande de Boyá. Por tanto, siento haber recibido como recompensa una satisfacción inmensa y un enorme orgullo de todos aquellos jóvenes, así como de sus padres que creyeron en mis ideas, mis acciones y me brindaron su apoyo enviando sus hijos a estudiar, para juntos poder alcanzar el propósito común de llegar a la meta, razón que me motivó a escribir esta historia, la que estoy seguro muchos desconocían.

Con lo expuesto en los párrafos anteriores queda demostrado que:
"Los pequeños detalles son los que hacen las grandes diferencias"

Pedro Ponceano en su oficina

El principal propósito que me ha motivado a escribir esta parte importante de la historia de mi vida es, extender un mensaje a toda la juventud que se anime a leer estos apuntos, de manera que puedan encontrar la llave para descubrir el enorme potencial que cada persona lleva dentro, el cual es la única vía que lo guiará hacia el camino del éxito, en el entendido de que, solamente cada quien como individuo puede activarlo y empujarlo para llegar tan lejos como quisiera, sin autoestablecer límites a sus aspiraciones y deseos.

Cada persona tiene una historia triste que contar y eso es lo que muchas veces nos hace tan fuertes para no dejarnos vencer por los obstáculos que se nos presentan durante el trayecto de nuestras vidas. Esos obstáculos son los que precisamente ponen a prueba nuestra capacidad, por lo que es nuestra responsabilidad demostrar que sí podemos, sin importar las dificultades que tengamos que enfrentar.

Durante la larga
trayectoria de mi vida,

muchas cosas positivas
he logrado.

He sido esperanza
para muchos

y la solución para
otros tantos.

Es por lo que siento orgullo,

siendo ese mi mejor legado.

Esmarlyn Solange
y Luisa Rosanna

Pedro Daneurys

Mis hijas Luisa Rosanna y Esmarlyn Solange, posando al final de un acto de graduación del Instituto Comercial "PONCIANO". A su lado, mi hijo Pedro Daneurys, a quienes les robé mucho tiempo de su niñez para dedicarlo a este Instituto.

Printed in the United States
By Bookmasters